La promesa olvidada:

Reunirnos con nuestra familia cósmica

Por Sherry Wilde

Traducción: Mariana Ojanguren

Para permiso, seriación, condensación, adaptación, o para nuestro catálogo de otras publicaciones, favor de escribir a Ozark Mountain Publishing, Inc. P.O. box 754, Huntsville, AR 72740, ATTN: Departamento de permisos.

Datos de catálogo en publicación de la Biblioteca del Congreso
Wilde, Sherry-1950
Título original: *The Forgotten Promise: Rejoining our Cosmic Family*
La promesa olvidada: Reunirnos con nuestra familia cósmica, por Sherry Wilde
     Una historia de interacción con seres de otro mundo a lo largo de una vida entera.
1. Ovnis 2. Abducciones 3. Hipnosis 4. Extraterrestres
I. Wilde, Sherry, 1950 II. Ovnis III. Titulo
Número de tarjeta de catálogo de la Biblioteca del Congreso: 2021950195
ISBN: 978-1-956945-02-7

Traducción: Mariana Ojanguren
Diseño de portada: enki3d.com / modificado por Travis Garrison
Libro configurado en: Times New Roman
Diseño de libro: Nancy Vernon

Publicado por:

OZARK
MOUNTAIN
PUBLISHING

Apartado postal 754
Huntsville, AR 72740
800-935-0045 o 479-738-2348 fax: 479-738-2448
WWW.OZARKMT.COM
Impreso en los Estados Unidos de América

Esta es la historia de la interacción de una mujer con seres de otro mundo a lo largo de toda su vida, y su viaje para superar el miedo y así encontrar sentido y propósito.

En este libro, ella explora las experiencias de abducción y comparte contigo las «Tres cosas importantes» que ellos le insistieron que aprendiera.

Para Marion
Espero que hayas encontrado las respuestas.

Para Vicky
Porque nunca, ni una sola vez, dudes de mí.

Y para Wanda
mi puerto en tormenta,
mi luz guía,
mi sensata y sabia hermana
¡te amo más allá de las palabras!

Tabla de contenidos

Introducción

Esta es mi historia. No puedo probar nada de lo que estás por leer, pero tampoco siento la necesidad de convencerte de su validez. Esto resonará contigo, o no. Por años fui alentada a escribir acerca de estas experiencias, pero me resistí. Nunca se sintió bien el hacer público un episodio tan personal y altamente controversial de mi vida. Sin embargo, por alguna razón, de pronto me quedó claro que ahora es el momento de sacarlo del clóset.

No es una historia fácil de contar para mí, y puede que no sea fácil para ti leerla o creerla. Lo entiendo. No será contada en orden cronológico, pero será contada de forma bastante similar a como lo haría yo si estuviera visitándote, sentada con una taza de café. Se ha agregado una línea de tiempo al final del libro para darte una referencia de ser necesaria.

Quiero enfatizar que esta es mi historia, y he dado lo mejor de mí para mantener a otros al margen, es decir, familia y amigos que estuvieron involucrados de forma secundaria, pero es imposible contar la verdad acerca de lo que sucedió sin incluir algunos hechos sobre la participación de otros. Hice lo mejor que pude para mantener esos fragmentos al mínimo, especialmente aquellos que involucran a mis hijas.

Unas de las primeras preguntas que me hacen después de hablar con otros de este fenómeno, son: «¿Por qué tú? ¿Qué tienes tú de especial?»

Mi respuesta es simple: «Nada. No hay nada verdaderamente especial sobre mí o mi familia. Yo creo que la mayoría de las personas en este mundo tienen al menos un encuentro con un ser de otra dimensión o planeta. Personalmente, me es más fácil pensar que ellos provienen de otra dimensión. A pesar de que los seres con los que yo interactué parecían haber sido transportados aquí en algún tipo de nave espacial, no creo que valga la pena explorar esa particularidad».

Si te atrae este libro, es muy probable que hayas tenido un encuentro inter-dimensional, pero el recuerdo de ese encuentro está salvaguardado por tu consciencia para tu propia cordura. El intentar integrar esa clase de eventos a tu vida y continuar viviendo lo que el mundo consideraría una vida «normal», es prácticamente imposible. Incluso si tú llegas a hacer las paces con lo que te está sucediendo, siempre está la inminente pregunta del por qué. Esta es la razón por la cual tantos presuntos abducidos se sienten atraídos hacia un camino que los lleva a un viaje espiritual.

Este libro no es solo un recuento de mis experiencias, sino también la historia de cómo descubrí que, como la mayoría de las cosas, es posible transformar lo peor de tu vida en algo positivo, solo con elegir verlo desde una perspectiva diferente.

Prólogo: Todo comienza con uno

Abducción en el patio trasero—1958—Zona rural de Wisconsin

No podría haber tenido más de ocho años de edad. Mi hermano menor y yo estábamos afuera, detrás de nuestra casa, jugando sobre las rocas de arenisca. Mis padres me dijeron, años después, que habían tomado la decisión consciente de mantenernos algo aislados y protegidos de la sociedad convencional y, ciertamente, lo estábamos. Era mediados de la década de 1950, y era un mundo completamente diferente a lo que es ahora. Vivíamos en una granja lechera sin funcionar, de 48 hectáreas, que tenía una entrada de un kilómetro de longitud, aparte de un pequeño camino de grava. Estábamos a veinte minutos en coche de la aldea más cercana, y yo asistí a una escuela de un solo salón hasta cuarto grado, tiempo en que fui sometida a la experiencia traumatizante de ser transferida a la «escuela municipal».

Era una vida idílica. Tuve tres hermanos: un hermano dos años mayor que yo, otro hermano un año menor y mi hermana bebé, quien llegó cuando yo tenía cinco. Éramos echados fuera por la puerta cada mañana de verano, y no se nos permitía regresar a casa hasta la hora del almuerzo; y luego allá íbamos, de nuevo afuera hasta el anochecer. Corrimos por las colinas, jugamos en el pajar, hicimos fuertes, trepamos árboles y chapoteamos en el riachuelo que corría por el valle de nuestra granja. Durante el invierno, se nos arropaba y enviaba fuera de la casa para caminar los cinco kilómetros hacia la escuela. (Sí, en verdad eran cinco kilómetros).

Recuerdo la advertencia de mi madre: «Nunca, sin importar lo cansados que estén, nunca se detengan y recuesten en la nieve para dormir. ¡Si lo hacen, se congelarán y no volverán a despertar!»

1

Mi padre no era un granjero. Lo intentó, pero simplemente no era su vocación. En lugar de eso, se fue a trabajar como conductor de autobús de Greyhound. Estaba fuera mucho tiempo. Detrás de nuestra casa había una cerca que se extendía todo el camino por el valle hasta nuestro vecino más cercano. Apenas y podíamos ver su casa desde nuestra ventana de arriba. El jardín de mi mamá estaba ahí afuera y si no nos apartábamos de su camino, nos ponía a trabajar deshierbando, así que desaparecíamos entre las colinas que rodeaban nuestra casa. En ese caluroso día de verano, mi hermano menor y yo estábamos detrás del jardín, jugando sobre las planas rocas de arenisca. Un buen surtido de bayas crecía salvajemente en esa área y, de vez en cuando, interrumpíamos nuestro juego el tiempo suficiente para tomar un puñado.

Mi hermano mayor no estaba con nosotros, lo cual era típico. Le gustaba irse solo, pescando o explorando por el bosque. Yo estaba de pie en el pasto alto, frente a la grosella espinosa que crecía a lo largo de la cerca, recogiendo las bayas y haciéndolas estallar en mi boca. El sabor crujiente y amargo no era mi favorito, pero me encantaba hacerlas estallar y sentir mi boca aguarse a medida que reaccionaba al fuerte sabor. (Recuerdo todo esto como si fuera ayer).

Estaba demasiado caluroso y húmedo, casi claustrofóbico. El zumbido de los insectos era muy fuerte en mis oídos, y aumentaba la sensación de estrechez. No había brisa, y yo manoteaba alejando a los mosquitos cuando se acercaban a mi cara o se posaban sobre mis brazos. Estaba concentrada en meter tantas bayas a mi boca como pudiera en el menor tiempo posible, ya que quería regresar con mi hermano que estaba esperando en la sombra sobre las rocas.

Estaba arrancando con ambas manos, rápidamente escogiendo una baya, estallándola en mi boca y yendo por la siguiente. Ambas manos se movían rápidamente sobre el arbusto, tomando las bayas más fáciles y maduras.

De pronto, hubo un cambio en la temperatura. El aire caliente y bochornoso, que apenas hacía un momento se había sentido como si fuera a sofocarme, se tornó notablemente más frío y el fuerte zumbido se detuvo súbitamente. Hubo un silencio absoluto. Me congelé. El vello en la parte posterior de mi cuello se erizó cuando un escalofrío corrió hacia abajo por mi columna. Yo sabía que había alguien de pie detrás de mí. Mi corazón latía fuerte en mi pecho a medida que yo comencé a girar lentamente. Unas manos fuertes cayeron sobre mis hombros y me impidieron moverme. Una voz gentil dijo mi nombre y me advirtió que no me diera la vuelta, como si pudiera hacerlo con sus manos manteniéndome firmemente quieta.

Mi mente se aceleró mientras yo intentaba averiguar quién podría ser. «¿Un tío? ¿Un vecino?» Y luego un pensamiento aterrador: «¿Un extraño?»

Pero él había dicho mi nombre. Y su voz, de cierto modo, era familiar para mí. No hubo mucho tiempo para considerar todo esto, ya que él comenzó a hablarme en el mismo tono gentil. Me tranquilizó bastante escuchar esa voz.

—¿Qué estás haciendo? —dijo él.

—Recogiendo bayas —contesté.

—¿Por qué?

—Para comer —dije en una voz apenas audible.

—¿A qué saben?

—Algo amargas —murmuré.

—¿Te gustan? —preguntó.

—No.

Él se rio y dijo:

—¿Entonces por qué las comes?

—Porque... ¿por qué no puedo voltear? —supliqué.

—Creo que te asustaría verme. ¿Lo recuerdas?

Y yo suavemente contesté:

—Sí.

Después de un momento él dijo:

—Gírate lentamente. Toma mi mano y camina conmigo.

Instintivamente mantuve mi mirada desviada a medida que giraba y tomaba su mano. Mientras comenzamos a caminar, vi por el rabillo de mis ojos, tres o cuatro seres más, de pie como si estuvieran prestando atención entre los pastos largos y arbustos. Ellos no me miraban a mí realmente; se parecían a los maniquíes que había yo visto en la tienda de JCPenney, sólo que ellos no parecían tener facciones humanas. Intenté analizarlos más detalladamente, pero no me podía concentrar en sus caras.

Artista: Helen Endres

Sin embargo, sí me percaté de lo pequeños que eran para ser hombres. Tenían más o menos mi misma estatura y llevaban puestos atuendos a juego, que parecían un poco a los overoles de una pieza que usaba mi papá en invierno, solo que estos atuendos eran demasiado ajustados y ceñidos al cuerpo. No parecían moverse ni pestañear. Simplemente estaban ahí de pie sin mover un solo músculo.

Entonces, me di cuenta de que mi hermano se mantenía de pie como si estuviera congelado sobre las rocas de arenisca. Pregunté si pudiera venir él con nosotros, pero me contestaron que no por ahora. Volví a mirarlo a medida que subíamos por la colina. Temía por mi hermano; no parecía normal.

—¿Qué le sucede a mi hermano? ¿Está bien?

—Está bien. Estará aquí cuando regresemos.

Caminé con cuidado junto a mi acompañante, sin miedo. Él me parecía familiar y el pánico inicial que había sentido estaba ya olvidado. En ese momento me volví para mirar delante de mí y vi por primera vez nuestro destino.

Mi corazón comenzó a latir fuertemente mientras miraba hacia arriba a una nave espacial plateada muy brillante, flotando sobre la ladera. Un lado de ella casi toca el terreno inclinado, mientras el otro lado estaba en lo alto sobre el suelo.

Ahora bien, eso fue entre mediados y finales de la década de 1950, y yo nunca había visto una película ni programa de televisión que mostrara un platillo volador, así que esta nave era fascinante para mi mirada. Había visto aviones volando en lo alto, y había estado maravillada por ellos moviéndose a través del cielo, pero esto era diferente. Flotaba en silencio en el aire sin ningún tipo de soporte ni alas. Me lastimaba los ojos al observarlo brillando a la luz del sol, así que entrecerré los ojos.

Había dos más de los hombrecitos extraños, parados debajo de ella. Una vez más, intenté mirar atentamente sus rostros, y esta vez fui capaz de ver dos grandes ojos negros. Estaba tan hechizada por esos dos ojos grandes como insectos, que en realidad no me fijé en ningún otro de sus rasgos.

Mi acompañante caminó conmigo bajo la nave y, situándose detrás de mí, puso sus manos sobre mis hombros mientras ambos éramos elevados por el aire hacia la nave. Cómo fue, nunca lo entendí. Simplemente flotamos hacia arriba dentro de una luz azul.

Me llevaron muy por encima de la Tierra. Este recuerdo es uno que he tenido toda mi vida. Es algo extraño, pero nunca me cuestioné la realidad de ello y, no obstante, si me hubieras preguntado al día siguiente, o en cualquier momento de mi niñez o juventud, si había

5

visto alguna vez un ovni, o si había tenido algún encuentro, hubiera contestado: «No».

Había sido guardado en algún lugar separado en mi mente. No encuentro otra forma de describirlo. Se me permitió tener ese recuerdo, ellos no lo querían enterrado. De lo contrario, ciertamente hubiera sido guardado en lo más profundo de los recovecos de mi mente, justo como todos los demás encuentros. Pero este era diferente. Este contenía un mensaje que no querían que olvidara.

Recuerdo muy claramente estar parada con el alienígena gris a quien ahora me refiero como «Da». Había otros pocos más con nosotros, mientras permanecíamos mirando hacia afuera por una gran ventana. Estábamos en el espacio exterior. Había negrura a todo nuestro alrededor y motas brillantes de estrellas, esparcidas como semillas por todos lados. Era espectacular. Mirábamos hacia abajo a la asombrosa canica azul que me habían indicado que era la Tierra.

Yo tenía solo ocho años de edad, pero podía apreciar la grandiosidad de lo que estaba mirando. Estuve sin palabras por un tiempo, y todos permanecimos juntos en un silencio reverente. Yo me acerqué a una gran ventana panorámica y presioné mi cara contra ella a medida que observaba hacia arriba y hacia abajo. En toda dirección que miré, hubo oscuridad y un silencio profundo.

Parecía que no nos movíamos. Estábamos suspendidos en el espacio y yo estaba impresionada por la magnitud de lo que estaba atestiguando. Luego me volví hacia Da y le pregunté por qué el cielo era negro. «¿Acaso era ahora de noche?»

La explicación fue brindada en términos que un niño pequeño pudiera entender, y luego Da dijo que quería mostrarme algo. La nave de pronto descendió cerca del globo azul que era mi hogar, y flotamos sobre el océano Pacífico. Yo era muy joven y ciertamente no había estudiado mucha geografía, pero de alguna manera entendía lo que estaba viendo.

Estábamos a suficiente altura para que yo pudiera ver aproximadamente la mitad de los Estados Unidos continental. De pronto, una pared de agua se levantó desde el océano y se movió hacia la costa occidental de América. Rápidamente envolvió a la tierra. Nubes de humo, enormes, negras, se elevaron a lo largo de una costa recién formada y continuaban surgiendo al azar, profundizando más y más hacia el continente. La costa oriental había desaparecido en su totalidad, así como las ciudades que habían estado ahí tan solo momentos antes. Parte del agua retrocedió, pero mucha permaneció ahí, mientras los incendios continuaban esparciéndose rápidamente sobre la tierra seca. Pronto la Tierra estuvo envuelta en humo negro. Mi hermoso planeta azul estaba arenoso y negro. El mundo estaba en llamas.

Yo comencé a llorar.

«Mi familia estaba muerta?»

—¡Ustedes hicieron esto! ¿Por qué lo hicieron?

Estaba enojada y asustada.

«¿Esta nave sería mi hogar ahora? ¿No volvería a ver nunca a mi familia?»

Da puso sus manos sobre mis hombros y miró profundamente mis ojos mientras hablaba suave, pero con firmeza. —Este es el futuro. No ha sucedido, aún. Y no tiene por qué suceder, pero lo hará si ustedes los humanos no cambian sus costumbres.

Yo le devolví la mirada e intenté comprender lo que acababa de decirme. Yo no entendía lo que quería decir con eso.

«¿Por qué mostrarme esto? ¿Quería decir que se suponía que yo, de alguna forma, cambiara el curso de los eventos para que eso no sucediera?»

No había nada que yo pudiera hacer. Era indignante que se me pusiera esa carga encima. Me sentí molesta e indefensa. Era demasiado. Yo estaba sollozando fuerte mientras lo miraba e intentaba hacer que él me comprendiera.

—Pero yo solo soy una niña pequeña. ¿Qué se supone que haga yo?

Manteniendo sus manos sobre mis hombros, mientras miraba intensamente mis ojos, contestó suavemente: —Todo comienza con uno.

No vivimos en un mundo de realidad;
vivimos en un mundo de percepciones.
Gerald J. Simmons

CAPÍTULO 1:
Perdiendo la razón

Decisión de someterme a hipnosis—primavera 1988

Fue en la primavera de 1988 cuando me sometí a hipnosis y, finalmente, llené los espacios en blanco de toda una vida llena de recuerdos parciales. Estos recuerdos, enterrados profundamente entre los recovecos de mi mente, eran de encuentros alienígenas. Antes de la regresión, había vivido la vida típica de una madre trabajadora de 37 años de edad en un pueblo chico, esposa y copropietaria de un pequeño pero exitoso negocio de bienes raíces, en la zona rural de Wisconsin. No tenía absolutamente ningún conocimiento acerca de la experiencia de abducción. Sabía, claro está, que había reportes de avistamientos de ovnis de vez en cuando, pero nunca leí ni escuché nada acerca de una persona siendo llevada a bordo de una nave por sus ocupantes. Era más ingenua que muchos sobre este tipo de fenómenos, que son un hecho que más tarde llegué a conocer y entender.

Ese fue el año en que decidí someterme a hipnosis para recuperar recuerdos de lo que parecía ser un acto aleatorio de agresión, que me habían infligido unos trabajadores de carretera, solo que esos trabajadores de carretera resultaron ser una raza de extraterrestres conocidos como los «grises». Eso, por sí solo, fue más de lo que yo

8

me creí capaz de llegar a aceptar, pero, lo que hizo de este episodio completo en mi vida, algo terriblemente difícil de manejar, fue el darme cuenta de que no solamente había sido abducida por aliens durante ese incidente, sino que también había tenido múltiples abducciones a lo largo de mi vida entera.

Había habido una cantidad enorme de actividad comenzando a una edad muy temprana. Esos seres han sido una constante en mi vida, pero de alguna manera había sido capaz de enterrar los recuerdos e impedirme tener cualquier remembranza consciente de los incidentes. Eso me asustó y me ocasionó una gran cantidad de angustia. Esto era demasiado para intentar afrontar, pero después se tornó peor, mucho peor. Comencé a tener experiencias de abducción incluso mientras intentaba aceptar las memorias que inundaban mi consciencia. Sin previo aviso, estaba experimentando encuentros con ellos y, aunque no mantuviera un recuerdo total consciente, retenía justo lo necesario para saber que eso estaba ocurriendo. Ellos estaban apareciendo en ocasiones hasta tres o cuatro veces por semana, pero luego desaparecían otra semana más o dos. Esta actividad continuó por alrededor de dos años. Esta es la historia de mi vida y las lecciones sagradas que pude aprender durante ese periodo, una vez que fui capaz de superar mi miedo.

Después de someterme a hipnosis y haber despertado al recuerdo de mi abducción, deambulé en un estupor, apenas siendo capaz de ser funcional. Las personas que realizaron la investigación acerca de mis encuentros, me hicieron evaluar por un psicólogo, quien estaba realizando estudios sobre el fenómeno de abducción ovni, y yo esperé por los resultados de esa evaluación con grandes esperanzas. Estaba absolutamente segura de que se me detectaría locura. Esta evaluación fue hecha poco después de mi hipnosis, y yo aún no había integrado esas experiencias a mi realidad. Simplemente no podía aceptar que eso pudiera suceder. Las abducciones actuales aún no habían comenzado, y con lo único con lo que lidiaba en ese entonces eran los recuerdos. Me había convencido a mí misma de que todo era un error, una anomalidad psicológica que sería explicada por el médico adecuado y el diagnóstico correcto.

Así que me dirigí a la reunión con mi investigador y el psicólogo, con un corazón esperanzado, segura de lo que escucharía. Estaba preparada para comenzar con cualquier tratamiento que fuera recomendado. Quedé perpleja y destruida cuando mi investigador me dijo que los resultados generales de la prueba habían salido bastante bien. Él mencionó que, si fuera posible hacer trampa en esta prueba, ellos lo considerarían una posibilidad, ya que los resultados habían salido así de buenos. Él parecía demasiado complacido de contarme esto. Yo permanecí ahí, luchando contra las lágrimas y el miedo, a medida que me daba cuenta de lo que implicaban sus palabras.

Sin saber cómo lidiar con mi reacción, él me condujo con el psicólogo que había hecho la evaluación y le dejó hablar conmigo. Este doctor me dijo que los resultados de la prueba eran bastante normales y que no indicaban patología alguna. Lo recuerdo diciendo que había una pequeña elevación en la medida de la paranoia, pero lo consideraron normal, y que de hecho hubieran considerado extraño que yo no mostrara cierta paranoia, dadas las experiencias con las que lidiaba en ese momento. Continuó diciendo que una de las pruebas, un examen sobre predisposición a la fantasía, indicó que yo no era más propensa que cualquier otra persona a la fabricación de ellas.

Mi investigador estaba confundido por mi reacción ante esto; él había esperado alivio de mi parte, incluso alegría. No entendía cuánto deseaba yo un diagnóstico, yo había contado con la existencia de un diagnóstico. Algo que ellos pudieran tratar con terapia o con una píldora, no me importaba. Para entonces, cualquier cosa hubiera sido mejor que ser informada de que lo que me había sucedido era real.

Después de eso, fui a visitar a otros tres o cuatro respetados psicólogos, para encontrar a alguno que acertara. Ninguno lo hizo. Todos concordaron en que, mentalmente, yo parecía estar cuerda. En donde existía el problema, de acuerdo con todos y cada uno de ellos, era en nuestra interpretación del mundo o lo que percibíamos como normal en nuestro mundo. Eso me dejó impactada.

Como le dije a un psicólogo que intentó ayudarme, es como si tuviera esta caja de recuerdos, son parte de mi vida, no puedo negarlo. Pero, ¿en dónde coloco esta caja de recuerdos? La puse sobre la repisa en mi mente, la que está señalada como «ficción/fantasía» (que es en donde en serio, en serio, quiero que vaya), pero termina lanzándose de nuevo hacia mis brazos. No pertenece ahí. Intenté ponerla sobre la repisa de «sueños», pero ahí viene de nuevo. No pertenece allá tampoco. Así que intenté ponerla en el estante señalado como «experiencias de la vida real», pero no puedo dejarlo ahí. Yo no puedo aceptar que pertenezca ahí. Porque si perteneciera ahí, entonces todo lo que pensaba que sabía acerca de la vida, no solo sobre «mi» vida, sino «la vida», es una mentira.

Así comenzó un viaje para descubrir la respuesta a la vieja pregunta: «¿De qué se trata todo esto?»

De hecho, he sido un tanto aspirante espiritual, aún antes de que estas memorias llegaran al frente de mi mente, probablemente porque estos encuentros comenzaron a una corta edad. Lo mejor que puedo asumir, es que estos seres fueron una presencia en mi vida desde la edad de cinco, y podría adivinar que fue incluso antes de eso. Tal como ellos dictaminaron el momento exacto de la concepción de mi hija, así creo yo que permanecían con una mano sobre la mía. Lo que te coloca en el camino del autodescubrimiento no es solamente el hecho de descubrir que has sido abducido por seres de otro mundo, sino también las cosas que te enseñan. Me dieron lecciones justo desde el inicio, y se esperaba que yo las aprendiera.

Tantas lecciones

—¿Qué es lo más importante que debes saber? —preguntaban una y otra vez.

Y cada vez iban más y más profundo en el significado de esa lección. Me enseñaron bastante a lo largo de los años, y los temas iban desde la complejidad de la vida, hasta la mecánica y operación de sus flotas. Cosas similares a cómo era posible que sus naves fueran de un extremo de la galaxia a otro, cómo sus naves volaban tan silenciosamente, cómo ellos podían traspasar paredes, y lo más importante, cómo podían jalarme a través de esas mismas paredes aparentemente sólidas. Me enseñaron cuán fácil es sanar nuestro cuerpo y me mostraron que el poder de nuestras mentes va más allá de lo que pudiéramos imaginar. Explicaron por qué dos personas

11

pueden estar una al lado de la otra, y una de ellas ve un ovni mientras que la otra permanece totalmente ajena. Me probaron que el tiempo no existe. Me enseñaron sobre vibración y la luz que está dentro de todos nosotros. Entre otras cosas, me dijeron de dónde venían y por qué estaban aquí. Y ellos me inculcaron las «Tres cosas importantes que hay que saber».

Muchos investigadores y abducidos creen que mis captores son malvados, pero yo no comparto necesariamente esa opinión. Son conocidos en ufología como los grises, y es cierto que la mayoría de las veces sí parecían ser despiadados e insensibles. Yo creo que todo se trata de percepción, similar a un niño pequeño que percibiría a un médico como malvado cuando lo pincha con una aguja para administrarle una vacuna. No obstante, una cosa es segura, tienen un cruel sentido del humor. Hay en ellos cierta indiferencia que es evidente, la cual los hará ver extremadamente crueles, pero luego lo revertirán de pronto y mostrarán una compasión y amor profundos.

Tomó bastante observación de su comportamiento para reconocer que tenía que salir de la experiencia y dejar ir mis percepciones, los juicios a los que los sometía, para que yo pudiera ver desde una perspectiva separada, a fin de obtener claridad. Esa fue una gran parte de mi aceptación de estas experiencias. Eso me permitió verlas como un observador, más que como la víctima.

¿Cómo podrían unos seres malvados enseñar lo que ellos estaban enseñando? Eso no me hacía nada de sentido. Siempre insistieron en que yo aprendiera ciertas cosas, y me evaluaron una y otra vez acerca de las «Tres cosas importantes por saber». Si lamento algo de estos visitantes en mi vida, es que fallé en aprender todo el conocimiento que ellos estaban dispuestos a impartir.

La paradoja de las abducciones ovnis

Esta es la paradoja. Las experiencias de abducciones ovnis son muy difíciles de desentrañar debido a su propia naturaleza. En realidad, ¿de qué estamos hablando aquí, exactamente? Pequeños hombrecitos grises, hostiles, viniendo a tu casa, nada más y nada menos que a través de sus paredes, jalándote de tu cama, después de haberte puesto en un estado de consciencia alterado. Llevándote de vuelta a través de esas mismas paredes aparentemente sólidas, hacia una nave espacial aparcada en tu jardín lateral para que todos los vecinos puedan verla. Llevándote a bordo de la nave y, en muchas instancias, violándote y regresándote a tu cama. ¿Toda esta extravagancia y se te deja ahí sin memoria ni testigos?

Claro. ¿Por qué dudaría alguien de esa historia?

Una de las razones por las que no tengo interés en intentar convencerte de la realidad de estos eventos, es sencillamente porque no puedo. ¿Qué prueba tengo para ofrecerte? Ninguna. ¿Crees que yo no veo lo absurdo de esto? No tengo problemas con nadie que no se compre esto, ni un poco. Pero sí creo que es corto de miras el que la gente juzgue algo de lo que no tienen conocimiento de primera mano. El mostrar tal falta de compasión por aquellos cuyas vidas se han hecho pedazos, por la experiencia completa y absolutamente impotente de los participantes, aparentemente renuentes ante este fenómeno, es brutalmente frío. Yo no utilizo la palabra «víctima» para describirnos a aquellos que hemos sido abducidos, o, si lo prefieres, aquellos de nosotros que «creemos» haber sido abducidos. Sólo puedo hablar por mí misma sobre este asunto, pero me rehúso a asumir la mentalidad de víctima.

No siempre fue así. Inicialmente, sí creía que yo estaba siendo victimizada. Tomó bastante trabajo llegar al lugar en donde realmente pudiera saber a un nivel profundo que ellos no eran los perpetradores y yo la víctima. Ese fue un gran paso en el proceso de sanación, y fue un punto crítico en el permitir que se llevara a cabo un cambio en la percepción. Ahora me doy cuenta de que nadie es víctima, y no me importa cuál sea la situación. A ese punto fue al que tuve que llegar, antes de poder siquiera funcionar un tanto normal. No se llega ahí de la noche a la mañana. El mundo nos enseña que hay perpetradores y víctimas. Está en todos lados: en nuestros medios, nuestras iglesias, nuestras corporaciones, nuestro gobierno, nuestras escuelas y en nuestras familias.

Moverme más allá del miedo y hacia la aceptación de la experiencia, fue lo más difícil. Mi mente continuaba negándolo, incluso frente a la creciente evidencia. Y es comprensible. Tenemos un mecanismo de adaptación integrado en quienes somos, una parte de nosotros que insiste en que todo tiene sentido y se entiende dentro de los confines de lo que sabemos que es la verdad y que la verdad es fundamentada en nuestras experiencias previas en esta vida. Confiamos en nuestros cinco sentidos porque nos han servido bien. Sabemos intelectualmente que los objetos sólidos no son lo que aparentan, y eso incluye a nuestros cuerpos. Los científicos nos dicen que somos 99.9% espacio, no materia. Pero aceptar el concepto de que podemos caminar a través de paredes «sólidas», va más allá de nuestras habilidades, porque no es parte de nuestra experiencia. No lo creemos, no confiamos en ello, así que no es posible. Nuestras mentes lo rechazan. Así que, aunque vieras a alguien caminando a través de una pared, tu mente encontrará la forma de hacerlo una mentira. Un truco.

Y así pasa con las experiencias ovnis. No encajan en nada de lo que consideramos como normal, así que rechazamos el asunto por completo. Nuestra mente está más que deseosa de ayudarnos a encontrar un camino para justificar el episodio, al convencernos de que estábamos soñando, alucinando o fantaseando. Los que hemos tenido esas experiencias, entendemos por qué para el público en general les es tan difícil creer nuestras historias. Después de todo, vivimos a través de la experiencia, y estamos teniendo dificultades para creerla.

Un amigo me preguntó en una ocasión que si yo alguna vez supe antes de tiempo cuándo aparecerían estos chicos. Yo le contesté que generalmente lo sabía. Podía «olerlos».

—¿De verdad puedes olerlos? —me preguntó el.

—No —respondí—, en realidad no los «huelo», pero hay un sentido que tengo, un sentido sin nombre, y es la mejor forma para mí de expresarlo.

¿Cómo le describes a otra persona algo que es inexplicable incluso para ti mismo? Había siempre una parte de mí que estaba sintonizada a ellos, una parte de mí que los conocía y estaba en sincronía con ellos. Durante ese periodo, cuando ellos estaban tan involucrados en mi vida, yo estaba desconcertada y confundida sobre cómo podía yo «sentirlos» o, como dije antes, «olerlos». Fue uno de los asuntos que

14

me costó más aceptar. En ese momento, no entendía cuál era mi conexión con ellos, pero sí sabía que ellos habían influenciado en mi desarrollo más que nada ni nadie.

Titubeé muchas veces a lo largo del camino durante ese periodo, a medida que batallaba por incorporar todo lo que estaba recordando, más todo lo que estaba experimentando, a una vida que yo pudiera enfrentar en el día a día. Fue demasiado difícil aceptar lo que estaba descubriendo sobre mí misma y la aparente «vida secreta» que había estado viviendo sin memoria consciente, que me ocasionaba cuestionarme todo.

Una y otra vez, repasaba los recuerdos y, por un largo periodo, mi mente luchó por encontrar explicaciones racionales, hasta que, con el tiempo, la evidencia fue tan abrumadora que tuve que aceptar la realidad de la experiencia, pero aún entonces, continué buscando una explicación que hiciera sentido. Eventualmente, fueron las mismas enseñanzas de mis abductores las que dieron lugar a los conocimientos que me permitieron entender que nada nos sucede en realidad sin nuestro consentimiento, al menos a cierto nivel.

Créeme, intenté bastante el mantener contenidos en mi mente los eventos de los cuales fui testigo, evitando así la realidad física de los encuentros. Llámalo un sueño, parálisis nocturna, o una imaginación sobreactiva, todo era mejor que aceptar que estas cosas sucedieran en tiempo real en la vida real, pero no podía dejarlo ahí en mi imaginación o sueños. Esto no fue tan fácil de explicar debido a toda la evidencia física de lo contrario.

Demasiadas veces veía las pruebas en mi propio cuerpo en forma de hematomas, marcas de agujas y otras cicatrices físicas. En ocasiones encontraba el pasto en mi jardín lateral aplastado en forma de remolino circular. También, como muchos de mis encuentros sucedieron mientras yo estaba rodeada de otras personas, el tiempo perdido y otras evidencias de mi experiencia fueron respaldadas por esos testigos. Mi búsqueda y cuestionamiento objetivos de estas actividades en mi vida, me forzaron a observar mi existencia desde una perspectiva más elevada.

Por el bien de mi supervivencia, tuve que entender por qué estaba sucediéndome esto a mí y cómo podía ocurrir. No «cómo», de la forma en cómo caminaban atravesando esas paredes, sino aún más profundo que eso. ¿Cómo era permitido que esto sucediera en un universo que yo siempre había creído gobernado por Dios? ¿Cómo era posible que se me permitiera ser el «espécimen» o conejillo de indias de otra raza? ¿En dónde estaba Dios en medio de esto? Encontré eventualmente mis respuestas, pero durante muchos años me dejaron sintiéndome como la víctima principal.

Poco después de que el depósito de mis recuerdos se abriera a través de la hipnosis, comencé a experimentar mis encuentros en lo que yo considero como «en tiempo real». Es decir, estaba consciente de su presencia, y yo sabía no sólo cuándo ellos estaban cerca, sino prácticamente cuando ellos llegarían por mí, así que muchas cosas de las que hacían conmigo y me enseñaban, fueron instaladas en mi mente consciente.

Durante este periodo la actividad fue alucinante y exhaustiva. Fue literalmente vivir en dos mundos. Para sobrevivir a las experiencias, fui forzada necesariamente a llegar a una clase de conclusión de cómo y por qué estaba sucediendo esto.

Un día recibí una llamada de una señora con la que había efectuado algunos negocios, pero no la conocía a nivel personal. Ella dijo que había escuchado historias acerca de la actividad ovni sucediendo alrededor de mi casa. Mi respuesta fue meramente cordial. No estaba lista para hablar de nada de esto con nadie fuera de los pocos elegidos, y me molestaba que la gente estuviera hablando. Tenía hijas y un negocio en los que pensar. Apenas y conocía lo necesario de esta señora para saber que era una persona de naturaleza gentil y nunca provocaría una confrontación con nadie, así que me pregunté por qué diablos ella me había llamado para decir tal cosa.

Yo fui evasiva e hice ademanes por colgar el teléfono, cuando la escuché decir que solo quería que yo supiera que ella creía las historias y no pensaba que yo estuviera loca. Eso me hizo reflexionar. Ahí había una mujer, deseando dejar constancia como creyente de que lo que me estaba sucediendo era real, cuando ni siquiera yo estaba segura de poder decir lo mismo. Escuché la sinceridad en su voz y decidí dejarla hablar.

Mi salvavidas

Ella me invitó a una reunión de un grupo de unas doce personas que se juntaban cada semana para meditar y discutir sobre la vida. Me rehusé. Eso sencillamente no era mi tipo, especialmente con todo lo que me estaba sucediendo, pero ella fue persistente. Su calmado comportamiento y sinceridad, eventualmente me ganaron, y yo finalmente cedí y acepté que pasara a buscarme para llevarme a su reunión de esa noche.

Miro hacia atrás, todos estos años después, y reconozco que esa señora fue un ángel. Es muy posible que ella me haya salvado la vida. Fue ese grupo el que se convirtió en mi salvavidas y me abrió a una nueva forma de ver las cosas. Batallar para lidiar con la naturaleza bizarra de esas experiencias me había dejado asustada y dudosa de todo. La actividad ovni en mi casa fue escalando, y yo estaba en un estado cercano al pánico. Mi matrimonio estaba bajo una tensión tremenda, mis hijas estaban siendo afectadas negativamente, mi negocio estaba sufriendo, y yo no tenía hacia dónde girarme por respuestas.

A medida que conducíamos hacia la reunión de esa noche, sentí la certeza de que sería la misma vieja cantaleta que me había encontrado siempre cuando la gente escuchaba sobre mis experiencias. Las preguntas eran prácticamente siempre las mismas: «¿Cómo te hablan ellos? ¿Cómo se sienten? ¿Qué es lo que te hacen?»

Estaba equivocada. En lugar de eso, nadie parecía interesado en los «principios básicos» de la abducción. No estaban interesados para nada en la «experiencia», ellos parecían estar mirando detrás de la abducción, como si quisieran encontrar un propósito superior en todo el asunto. Se sintió como un bálsamo para mi alma. Cuando el grupo se interrumpió para comer bocadillos, yo permanecí sentada en el sofá.

Un hombre tranquilo, muy amable, se quedó en donde estaba y, cuando estuvimos solos en la habitación, se inclinó hacia mí y me preguntó en una voz bastante gentil: —Así que, ¿cómo estás? ¿Cómo estás «realmente»?

Yo le contesté que, por encima de todo, estaba asustada, no sólo por mí, sino por mis hijas.

Él sostuvo la mirada mientras dijo con toda la certeza del mundo:
—Sabes que no hay víctimas.

Yo lo miré fijamente un buen rato antes de contestar que ciertamente no podía estar de acuerdo con eso: —Mira los hechos. No estoy de acuerdo con lo que está sucediendo. Eso me convierte en una víctima.

Con la voz tan suave que tuve que inclinarme para escucharlo, me explicó que no siempre vemos el panorama general:

—¿Cómo saber que, en cierto nivel, en algún momento previo incluso a tu llegada a este mundo, no acordaste ser parte de esta experiencia?

Comprendí lo que él estaba diciendo, y Dios sabe, quería creerle, pero era tan difícil de entender. Sopesé sus palabras por días, quizá semanas. Nunca los olvidé a ellos y se convirtieron en un salvavidas para mí; me desahogué con ellos una y otra vez. Me colgaba de ellos en mis peores momentos. Me tomó años el integrar la verdadera esencia de esa creencia en mi ser, pero con mucha guía, inspiración y la ayuda de lugares inesperados, lo hice.

No todo a lo que se enfrenta uno puede ser modificado,
pero nada puede modificarse hasta que se enfrenta.
James Baldwin

CAPÍTULO 2:
Preguntas sin respuesta

Vuelven a visitar después de 20 años—septiembre 2010

Uno de mis encuentros más conscientes con los grises ocurrió en septiembre del 2010. Yo cumpliría 60 años de edad el día de Navidad de ese mismo año. Como supe que era inusual para ellos el mantenerse involucrados en la vida de una mujer, pasada la menopausia, ya que gran parte de su interés parece estar centrado en cosechar huevos, yo pregunté qué hacían de vuelta aquí. Ellos parecieron sorprendidos por la pregunta, casi insultados.

Hace tiempo aprendí que existen diferentes «niveles» de estos seres conocidos como grises. Principalmente, durante una típica experiencia de abducción, entramos en contacto con los dos estratos más bajos. Los hay a quienes yo considero como los grises obreros, luego está el líder, quien es el que se comunica contigo telepáticamente. La voz de él es la que es bastante conocida para mí. Mientras los obreros apenas y muestran alguna emoción, raramente hablan, y son bastante fríos hacia ti, el líder puede demostrar bondad, preocupación e incluso amor. Él muestra emoción, no sólo a través de sus ojos, sino también a través de su energía. Ese chico líder se sentía como mi padre, y es él a quien yo me refiero como Da. En más de una ocasión, rogué quedarme con él y que no me devolvieran al mundo en

19

donde nada parecía tener sentido para mí. Verás, el amor experimentado en el viejo mundo tridimensional parece pálido y delgado, comparado con lo que experimenté con él.

En el transcurso de los pasados veinte años, he trabajado duro para aceptar a esos visitantes de otro mundo. Una de las cosas que más se me dificulta explicar es cómo pude sentir tanto amor de Da cuando estaba con él y suplicarle la mayoría de las veces para quedarme con él y, aun así, sentirme aterrorizada ante ellos cuando se mostraban de nuevo en mi vida. Es difícil de explicar ya que yo misma no tengo un claro entendimiento de ello, pero podría tener que ver con la respuesta visceral que nuestro cuerpo siente cuando nos enfrentamos con algo fuera de norma.

Hay un cambio de percepción que se lleva a cabo cuando estás en la vibración más alta de esos seres. Hay una sensación de rectitud, de orden, y un entendimiento más puro de nuestro lugar en el cosmos. Sé lo contradictorio que eso suena, dado que estaba siendo tratada como una rata de laboratorio durante partes de esas experiencias, y entiendo que eso pudiera ser debido a que me habían «lavado el cerebro» o incluso haber sido programada por ellos para creer esto. Dios sabe que ellos eran capaces de manipular mi conducta de muchas maneras.

A medida que leas mi historia, te darás cuenta de cuán capaces son ellos de controlarme y plantar ciertas ideas o creencias en mi mente. Pero verás, he optado por creer que esos seres no son malignos. He mirado la evidencia y he sacado mi conclusión. Estoy abierta a escuchar lo que otros tienen que decir, pero por mi parte, estoy cómoda con mi análisis sobre ellos, en lo que se refiere a los eventos en mi vida. Quizá, sólo quizá, ellos no ven el cuerpo de la misma forma en que lo vemos nosotros. Por lo que obtuve de sus enseñanzas, parece que nuestros cuerpos son solo contenedores. Nuestra verdadera esencia es mucho más que eso, y nuestros cuerpos no tienen valor significante, sino que son más bien un vehículo para nosotros en esta dimensión. Si ese es el caso, habría un gran camino por recorrer explicando su usual tratamiento insensible hacia mí y otros participantes en su programa.

Para comprenderlos realmente, necesito estar completamente sin miedo, lo cual es una gran expectativa por llenar. Mi miedo, aunque no del todo aliviado, ha sido puesto bajo control, en su mayoría. Para mí, su conducta es aún errática y no siempre de fácil entendimiento, pero he llegado a una especie de tregua, al igual que de aceptación, de su participación en mi vida. Así que, cuando regresaron después de unos 20 años de ausencia, yo estaba relativamente tranquila, aunque sorprendida.

Avistamiento local ovni—enero 1987

Para entender por completo el significado de su última visita, debemos retroceder y hacer un recuento de eventos de los encuentros previos. Fue en enero de 1987 cuando un avistamiento ovni ocurrió en mi comunidad, y todos estaban hablando de ello. Un avistamiento ovni se define como un número desmesurado de personas reportando observaciones de objetos voladores no identificados en los cielos. Esto puede incluir relatos vagos de luces sospechosas o vislumbramientos reales de lo que parecen ser vehículos sólidos de origen desconocido.

Hubo docenas de reportes levantados en mi área durante un lapso de cuatro meses, así que investigadores vinieron al pueblo a entrevistar gente y ver qué estaba sucediendo. Yo estaba apenas consciente del alboroto alrededor de estos eventos. Mi vida se enfocaba en mis dos hijas y mi carrera. Todos los recuerdos de mis encuentros alienígenas estaban aún enterrados profundamente en mi mente subconsciente, aunque, alrededor de esta misma época, comencé a tornarme bastante obsesionada con un evento que ocurrió años antes. Comencé a reproducirlo una y otra vez, intentando completar el recuerdo y llenar los espacios en blanco. Cada noche antes de dormir, repasaba los eventos de ese día, allá en 1968, cuando yo tenía diecisiete años de edad. Pensé que, si pudiera caer dormida pensando en eso, mi mente subconsciente traería los detalles a la superficie.

Abducción al borde de la carretera (Recuerdos parciales)

Había estado conduciendo mi pequeño VW Beetle hacia la casa de mi amiga localizada a unos 16 kilómetros de la mía. Iba a

21

encontrarme con ella y su hermana para ir de compras por la tarde, y había una hora límite, necesitaba estar ahí antes de las 10:00 a.m., ¡o se irían sin mí! Los inviernos en Wisconsin son brutales, pero ese día de primavera fue un regalo, todo soleado y cálido con los pájaros cantando, y la vida regresando a los árboles y campos. Me sentía feliz y despreocupada como lo haces cuando eres joven; estaba conduciendo con la ventanilla abajo y el radio encendido con el volumen alto. No estaba manejando rápido. No había necesidad. Llegaría justo a tiempo.

A medida que me acercaba a una pequeña subida en la carretera, dos cosas sucedieron al mismo tiempo. Me percaté de algunos hombres trabajando a la orilla de la carretera, cargando ramas o varas de algún tipo. Las estaban moviendo sobre el suelo en un movimiento de barrido y, al mismo tiempo, mi auto se paró. Mientras mi coche rodaba hasta detenerse, noté que uno de los hombres había caminado hacia la carretera y levantaba una mano. Sus ojos eran muy penetrantes y, mientras me observaba, se sintió como si él mirara directamente a mi alma. Yo lo sabía y, sin embargo, no pude conseguir una buena resolución de su rostro. No lo podía ver claramente, pero recordé esos ojos oscuros mirándome a través del parabrisas.

Mi memoria estaba en blanco después de eso, hasta que alcancé la casa de Vicky y entré, dos horas tarde.

Este evento había sucedido hacía veinte años, pero ahora parecía haber salido de la nada y añadía un peso sobre mí. ¡Necesitaba recordar su rostro! ¿Y por qué no había yo intentado recordar antes qué me había pasado durante esas dos horas de tiempo perdido? ¿Por qué simplemente lo había dejado pasar? De pronto, era urgente que lo recordara. Había comenzado a considerar la hipnosis como un método para finalmente atravesar cualquier barrera que me estuviera impidiendo el acceso a los recuerdos de ese evento.

Siempre me había figurado que esos hombres con overoles a juego me habían sacado del auto y me habían agredido sexualmente. Algo me había sucedido, algo tan terrible que mi mente había bloqueado los recuerdos. Noté que cada vez que yo estaba conduciendo o paseando con alguien y pasábamos por un grupo de trabajadores a un lado de la carretera, comenzaba a entrar en pánico. Algunas veces comenzaba a sudar frío y mi cuerpo temblaba. Tenía problemas para respirar. Así de intenso era mi miedo. Pero, si hubiera sido atacada, ¿por qué no había presentado cicatrices físicas? No recordaba ningún tipo de trauma hacia mi cuerpo de ese día y, probablemente igual de significativo, era el hecho de que yo había sido virgen en el momento en que me casé. ¿Entonces qué me había pasado junto a esa tranquila carretera de campo?

No sabía por qué ese recuerdo en particular estaba comenzando a atormentarme, pero estaba ahí cada noche cuando me iba a dormir. Mirando atrás, me doy cuenta de la importancia del tiempo, pero en ese entonces parecía un pensamiento al azar que pareció haberse atascado en mi cabeza.

Así que, en enero de 1987, mientras el avistamiento ovni estaba ocasionando noticias alrededor del mundo, yo era sólo parcialmente consciente de ello y prácticamente no tenía interés en él. No tenía absolutamente ninguna razón para conectar un encuentro ovni, con mi última obsesión con el tiempo perdido que experimenté atrás en los años 60. Cuando mi amiga de hace tiempo, Vicky, me llamó para pedirme que asistiera a la sesión informativa que realizarían los investigadores, me negué. No era algo que despertara mi interés. Entonces, ella trajo a colación el incidente del tiempo perdido que yo había experimentado mientras estaba camino a su casa para ir de compras. Exactamente el mismo incidente con el que yo había recientemente comenzado a obsesionarme.

El punto de vista de Vicky acerca del incidente en la carretera

Yo escuché atenta mientras ella me platicaba su punto de vista acerca de ese día. Ella recordó que yo había entrado apresurada a su casa, dos horas tarde, hablando sobre haber visto pequeños hombrecitos, alienígenas, y haber estado en una nave espacial. Ella insistió en que yo había intentado convencerla de regresar ahí conmigo para verlos.

—¿Es que no lo recuerdas?

«¿De qué diablos estaba ella hablando? Creo que me hubiera recordado a mí misma diciendo semejantes cosas».

Ella dijo que mi «tiempo perdido» pudiera estar relacionado con un encuentro ovni de algún tipo. Luego ella continuó recordándome acerca de otros sucesos extraños de los que ella había sido testigo en nuestros años de adolescencia, cuando habíamos sido inseparables. Mientras la escuchaba, yo estaba en shock. ¡Ella tenía razón! Había habido algunos incidentes bastante extraños que yo simplemente había dejado ir, o los había barrido debajo de la alfombra.

«¿Cómo había yo podido hacer eso? ¡Cosas tan significantes y bizarras! ¿Qué estaba mal conmigo para que yo hiciera semejantes cosas? No era normal».

Los recuerdos de mi madre sobre ese periodo de tiempo

Mencioné a mi madre la conversación que había tenido con Vicky, y aumentó mi miseria recordándome que ella tenía presente ese periodo particular de mi vida. Ella me evocaba hablando sobre haber visto un platillo volador, así como afirmando haber tenido un encuentro con hombres del espacio.

Ella dijo que yo siempre había tenido una obsesión con dibujar el rostro de lo que todos ahora reconoceríamos como un gris. Eso era verdad. Si miras atrás en los cuadernos de trabajo que ella había guardado de la escuela primaria, había rostros de lo que ahora reconozco que son alienígenas, dibujados en los márgenes.

Aumentando la incomodidad

Esto estaba tornándose más y más incómodo. Decidí que necesitaba mirar más a detalle en lo que estaba sucediendo en mi propio jardín trasero. Leí unos pocos artículos periodísticos sobre los reportes de ovnis y hablé con un par de las personas locales. Descubrí que había habido reportes de testigos de «tiempo perdido». Es decir, personas que habían visto un ovni habían reportado que un bloque de tiempo estaba faltante; habían perdido más o menos una hora, sobre la cual no tenían memoria alguna de lo que había sucedido.

Se decía que los investigadores utilizarían hipnosis para ayudar a esa gente a recuperar sus memorias perdidas. Esto era de interés para mí por obvias razones, ¿no había decidido yo misma, recientemente, someterme a hipnosis para descubrir mis propias memorias perdidas del incidente de la carretera?

Decidí asistir a la sesión informativa con Vicky, sólo por satisfacer mi curiosidad y ver qué podía aprender. Supuse que esas personas serían capaces de recomendar a un buen hipnólogo, ya que yo no quería simplemente elegir a cualquiera al azar desde las páginas amarillas. Así que eché marcha atrás y le dije a Vicky que iría con ella a la reunión. Mi incentivo era conseguir el nombre de algún hipnólogo de renombre. La idea de que yo hubiera podido tener un contacto ovni aún no era siquiera plausible para mí.

El gimnasio estaba bastante lleno con la gente local que había venido a escuchar acerca de las luces extrañas que estaban viendo en el cielo. Yo estaba indiferente y sintiéndome un poco a la defensiva ante todo el asunto. No me gustaba particularmente la idea de seres de otro planeta visitando nuestra Tierra. Era un concepto atemorizante, y yo estaba preparada para encontrar muchos agujeros en el argumento de cualquiera que dijera que eso era posible. Decir que estaba escéptica sería quedarse corto.

Los investigadores eran de CUFOS, el Centro de Estudios Ovni de Chicago, de J. Allan Hynek [Nota del traductor: the J. Allan Hynek Center for UFO Studies out of Chicago, en inglés]. Hicieron un buen trabajo manteniendo un balance y no tratando de convencernos de que lo que la gente local estaba observando en los cielos eran de hecho naves espaciales.

«Bien, eso fue un alivio».

Continuaron diciendo que mucha gente se había acercado a ellos para reportar avistamientos, y muchos de los testigos eran creíbles y algunos avistamientos fueron apoyados por otros testigos.

«Okey, podía vivir con eso».

Algo estaba ahí arriba zumbando, pero eso no significaba que fuera una nave espacial de algún otro planeta, ¡por Dios santo!

Gentilmente, movieron la discusión hacia el tiempo perdido y las posibles implicaciones.

Ahora estaban comenzando a pisar sobre una fina capa de hielo. Estaban, de hecho, insinuando que algunos de nosotros, sentados ahí en la audiencia, podríamos haber sido recogidos por criaturas del espacio exterior y llevadas a bordo de una nave, ¡en contra de nuestra voluntad!

«Ni lo sueñen. Habían ido demasiado lejos. Estaba lista para marcharme».

Estaba haciendo ademanes para irme cuando mostraron algunas imágenes de los tipos de naves que habían sido reportados en los cielos, alrededor de nuestra comunidad. Mi corazón se detuvo, luego comenzó a latir fuertemente. Me sentí desmayar. Quería salir corriendo de la habitación.

Flashback del avistamiento de un globo blanco

«¿Cómo había podido olvidarlo?»

Mi cerebro se sobrecargó de recuerdos. Se precipitaban ante mí como una película en cámara rápida. Habían mostrado una imagen de un gran globo blanco con luces naranjas, y era exactamente lo que había yo visto en el cielo justo unas noches antes.

«¿Qué me pasaba?»

¿Cómo puede una persona ver una nave grande como esa, de otro mundo, y no recordarlo? No solamente la vi, sino que otros recuerdos me inundaron.

Piensa, cálmate, ponlo en secuencia. ¿Cómo sucedió? Batallé para traerlo a la superficie.

Oh sí, había ido a mostrar una propiedad que había publicado en la región. Se localizaba a unos veinte minutos al norte del pueblo. Mi cita estaba agendada para las 5:00 p.m., pero el comprador nunca apareció.

Finalmente, después de esperar treinta minutos, me rendí y comencé a manejar de vuelta hacia el pueblo. Me dirigía al sur, bajando la gran colina que me llevó hacia el valle en donde se localizaba nuestro poblado, cuando de pronto, delante de mí y hacia la derecha, vi un tipo de nave demasiado grande y redonda.

Intenté darle sentido. Parecía ser más grande que dos veces el tamaño de la luna llena, y era blanco sólido con luces rojas anaranjadas parpadeando en ella. Miré hacia el sol y noté que aún estaba bastante alto sobre el horizonte, así que no había forma de confundirlo con este globo. Además, este objeto definitivamente parecía demasiado mecánico. Estaba simplemente ahí colgado en el cielo y, mientras yo lo veía, podía observar que se movía muy, muy lento hacia el este.

Era extraño, y me costó mucho apartar mis ojos de eso mientras manejaba los últimos kilómetros hacia el pueblo. No quería girar hacia mi casa y perderlo de vista, así que continué manejando hacia eso. Pronto estuve en el borde sur del pueblo, y la nave estaba brillando grande en el cielo. Yo tenía miedo de acercarme más, así que estacioné en la gasolinera, pensando que podía mirarlo y hablarles a las demás personas ahí sobre eso.

Recuerdo haber pensado: «¡Cuantos más, menos peligro!»

Esa parte fue extraña. Había algunos autos estacionados ante las bombas, pero ni una persona miraba a esa gran extraña cosa colgando en el cielo. Era incomprensible para mí que nadie más pudiera verlo. ¡Era demasiado obvio!

Miré alrededor por algún indicio de que alguien lo notara, pero nadie lo hizo, así que busqué a alguien conocido, para poder hablarle y señalar esa cosa, pero no había una sola cara familiar ahí. Lentamente llené mi tanque de gasolina, todo el tiempo observando la esfera en el cielo.

Después, caminé hacia la tienda de conveniencia para pagarla. Yo era clienta regular en esa estación y conocía, si no por nombre, al menos de vista, a casi todos los empleados. En el momento en que entré a la tienda, supe que había algo raro. Zumbaba como un panal y la gente ahí eran extrañamente bajos de estatura y se movían con movimientos rápidos y torpes. Yo no conocía ni a un alma. Pagué rápidamente y me fui.

Tiempo perdido

27

Cuando salí, lo primero que noté fue que, durante el corto periodo de tiempo que estuve dentro de la tienda, se había tornado extrañamente oscuro afuera. Gire para mirar el gran globo blanco, pero ya se había ido. Aliviada, me dirigí camino a casa en los rápidos cinco minutos que restaban por llegar.

Conduje por la entrada y noté a mi esposo y mi hija menor afuera en el jardín delantero. Parecían agitados y excitados. Mi hija vino corriendo hacia el coche y me explicó que habían tenido un «platillo volador» sobre la casa, apenas hacía un momento. Mi esposo me confirmó esas noticias.

Extrañamente, se me había olvidado todo acerca de mi avistamiento y nunca lo mencioné. Aún .más, no estuve para nada interesada en lo que ellos me decían. Entré a la casa e inmediatamente noté que eran casi las 7:30 p.m. Eso atrajo mi atención.

No tenía sentido. Repasé una y otra vez los eventos de la tarde. A las 5:00 estuve en la propiedad. Me marché a las 5:30 e hice los 20 minutos de vuelta hacia el pueblo. Aun contando 30 minutos de vuelta hacia el pueblo, eso daría las 6:00 cuando llegué a la gasolinera. No debería ser más tarde que las 6:20. Eran las 7:30. Había perdido alrededor de una hora de mi vida.

Me torné bastante agitada y molesta por esto, pero, por extraño que parezca, esa preocupación también abandonó mi consciencia al poco tiempo. Es decir, hasta ahora.

Únicamente buscando el nombre de un buen hipnólogo

Me senté ahí perpleja y llena de miedo. Giré hacia Vicky y le conté acerca del avistamiento que había tenido hacía solo unas noches, pero que de alguna forma había olvidado. Estaba realmente asustada. No me hacía nada de sentido que hubiera tenido tal experiencia y olvidarla por completo. Vicky me alentó para ir a hablar con alguna persona de CUFOS y platicarle acerca de este avistamiento y la historia de mi experiencia de tiempo perdido, de cuando era una adolescente.

Los oradores habían justo pedido que, si alguien había visto algo raro en el cielo, por favor fuéramos al frente a contárselos a ellos. Decidí tomar el consejo de Vicky e ir a hablar con ellos acerca de mi avistamiento, pero no estaba segura de compartirles mi historia de la carretera de los años 60, ya que no podía ver que tuviera relación alguna con ovnis.

Lo que yo realmente quería de esta reunión era el nombre de un buen hipnólogo. Eso era todo. Conocía bastante para saber que la hipnosis no era algo a lo que entra uno a la ligera, especialmente cuando no sabes qué recuerdo es el que vas a desbloquear. Así que allá fui para encontrarme con uno de los oradores.

Conociendo a Don

Me sentí bastante estúpida yendo con Don Schmitt e introduciéndome a mí misma. Sabía que él estaba ahí para investigar asuntos serios, y yo no tenía mucho que ofrecerle aparte del avistamiento del globo blanco que había tenido recientemente. Él escuchó mi relato y me preguntó algunas cosas. Luego me pidió que le compartiera esa información a su otro compañero ahí.

Nunca le mencioné lo que ocurrió en la gasolinera ni que mi esposo e hija habían visto una nave plateada sobre nuestra casa, alrededor de la misma hora en que yo había visto el globo blanco. Nunca le dije del tiempo perdido, simplemente no se me ocurrió. Además, en realidad no me importaba mucho todo eso. Tenía un asunto en mente, y eso era obtener el nombre de un buen hipnólogo.

Finalmente, me armé de valor para preguntarle. Él indagó sobre el por qué quería a un hipnólogo, y yo le di una versión bastante abreviada de lo que me había sucedido de camino a casa de Vicky en los años 60. Él fue bastante paciente escuchando mi historia, pero me sentía como una tonta y me estaba arrepintiendo de mi decisión de molestarle. Parecía más interesado en esa historia que en la del globo blanco.

Eso no tenía sentido para mí. Él estaba haciendo preguntas inquisitivas, directas, acerca del incidente en la carretera. Yo no podía entender por qué. Le expliqué que, en ese entonces, no había ocurrido nada que tuviera que ver con ovnis, y pareció aceptarlo. Él dijo que quería hablar más conmigo acerca de utilizar la hipnosis como un método para desbloquear esos recuerdos.

Intercambiamos información de contacto y acordamos volver a hablar alrededor de la próxima semana. Caminé alejándome, segura de que no habría más contacto con el señor Schmitt. Para sorpresa mía, él me llamó en dos semanas, tal como había dicho que haría. La conversación evolucionó alrededor de los eventos de ese día tan lejano, cuando mi auto se había parado de camino a casa de Vicky. Yo nunca, ni por un minuto, pensé que una abducción alienígena sería una posibilidad para mí ni para nadie más. No se registró en mi cerebro como algo que pudiera haber ocurrido de verdad.

Pensé que era extraño que un hombre, quien parecía ser racional y educado, pudiera estar de acuerdo con semejantes tonterías, pero al final, no me importaba. Sólo quería asegurar una sesión de hipnosis que fuera estructurada y segura, para poder llegar al fondo de mi episodio de tiempo perdido.

Don me ofreció ayuda intentando reconstruir las piezas de esa experiencia, pero estaba confundida por su oferta. Esta no era una experiencia ovni. Habían sido trabajadores quienes, de alguna forma, habían parado mi auto y me habían hecho algo tan terrible, que yo había escondido ese evento en lo profundo de mi mente. ¡Necesitaba saber qué había sucedido! ¡Necesitaba someterme a hipnosis! Pero Don no estaba del todo convencido de que la hipnosis fuera una buena idea.

De hecho, él estaba bastante en contra. Mi respuesta fue que encontraría un hipnólogo y buscaría el recuerdo perdido por mi propia cuenta, ya que, de cualquier forma, estaba segura de que los alienígenas no tenían nada que ver con eso. Él afirmó que la hipnosis no era una buena herramienta de investigación ya que el recuperar recuerdos reprimidos era un asunto serio y no debería tomarse a la ligera. Él explicó que, estando bajo hipnosis, los individuos son extremadamente vulnerables a la sugestión y que sólo personas altamente calificadas deberían intentar recuperar recuerdos, especialmente los potencialmente traumáticos.

Eso tenía sentido, pero levantó nuevas preguntas en mí. Si me sometía a hipnosis, y comenzaba con la premisa de que yo había sido abducida por extraterrestres, ¿no podrían ellos «guiarme» hacia esa dirección?

Él me aseguró que la experiencia de abducción extraterrestre no es algo por lo que vayan en busca de. Eso mancharía la investigación. Después, el señor Schmitt me preguntó si alguna vez había leído algo acerca de ovnis o del fenómeno de abducción.

Contesté que no; mi padre era el único en la familia que tenía interés en esos asuntos. Le había regalado un libro de ovnis una Navidad, pero no me había molestado siquiera en leerlo yo misma.

Terminamos nuestra conversación, pero no antes de que me convenciera de no buscar una hipnosis por mi cuenta. Bueno, acepté rechazar cualquier compromiso; simplemente todo era tan descabellado.

A final de cuentas, fue decidido que la hipnosis se usaría para explorar el tiempo perdido que había experimentado cuando era una adolescente y que CUFOS estaría involucrado. Los hechos del caso, tal como se habían presentado, convencieron a Don de que profundizara en ese episodio. El incidente ocurrió a medio día, teniendo testigos de las dos horas de tiempo perdido, junto con mi memoria consciente de ver a cuatro hombres de pie a la orilla de la carretera, y el hecho de que mi auto había simplemente muerto y rodado hasta detenerse sin motivo aparente, todo esto agregó peso a su decisión.

En cuanto a mí, me convencí de que la hipnosis no era algo que quisiera buscar por mi cuenta. Hablar con Don acerca de eso, lo había hecho aún más real, y yo me estaba sintiendo un poco vulnerable. Sabía que nunca encontraría un hipnólogo que fuera ni cercanamente profesional a lo que ellos tenían acceso, así que accedí permitir que CUFOS se involucrara.

31

Si todos trabajáramos bajo la suposición de que lo que se acepta como verdad es realmente cierto, habría pocas esperanzas de avanzar.

Orville Wright

CAPÍTULO 3:
Perdiendo mi inocencia

Primera sesión de hipnosis—1988

Mi esposo me acompañó en el viaje a Chicago para la regresión, y el asunto completo tenía un sentimiento irreal. Yo me mantenía pensando acerca de otras cosas que podríamos estar disfrutando en ese día cálido de primavera.

«¡Qué cosa tan tonta y estúpida por hacer! ¿Qué está mal conmigo?», pensé.

Nos dirigimos a la oficina de CUFOS, en donde nos encontramos con Don. Me sentía profundamente avergonzada sobre todo este tumulto, y no podía dejar de disculparme profusamente con él, mientras le advertía una y otra vez que esto iba a ser una pérdida de tiempo gigante para todos. Le expliqué que lo que todos ellos estaban por encontrar guardado, en los recovecos más profundos de mi mente, era una historia de cómo unos trabajadores al borde de una carretera habían rodeado mi automóvil y, de alguna manera, me retrasaron para que yo llegara a mi destino. Ahora estaba segura de que nada de significancia alguna me había ocurrido aquel día. Sorpresivamente,

Don estuvo de acuerdo conmigo, diciendo que sin duda ese era el caso y cuán aliviada estaría yo al dejar ese recuerdo en reposo.

Estábamos esperando a que otro hombre se nos uniera y, cuando llegó, él y Don entraron en la habitación contigua y hablaron a puerta cerrada por un tiempo. Yo caminé por la habitación e intenté descubrir una forma para salirme de este desastre. Incluso pensé en salir huyendo, pero eso hubiera empeorado aún más las cosas. Yo era una persona bastante reservada, y toda esta atención a un evento tan insignificante de mi vida, un evento que había sucedido hacía veinte años, ahora se sentía terriblemente tonto.

Después de un rato, Don y el otro hombre, quien resultó ser un psicólogo joven, quien estaba realizando un estudio sobre abducciones ovnis, salieron, y nos dirigimos hacia el centro de Chicago a la oficina de Stanley V. Mitchell. Sorprendentemente, el señor Mitchell era un escéptico de ovnis. Era el ex presidente de la Asociación de Hipnólogos Éticos Avanzados, y sus certificaciones eran ejemplares. El señor Mitchell había ayudado en el desarrollo de una técnica llamada «hipnosis en el campo de batalla», utilizada durante la guerra de Corea para tratar heridas de guerra sin la ayuda de una anestesia, y fue pionero en el uso de hipnosis durante cirugía a corazón abierto. Este chico no era un novato de «callejón», ¡era un profesional serio, bastante respetado!

«¡Oh por Dios! ¡Qué desastre! ¿Cómo había conseguido a toda esta gente involucrada con mi obsesión sobre este pequeño evento banal de mi vida?» Me estaba arrepintiendo demasiado de la estratagema que había emprendido solo para finalmente encontrar las respuestas a mi episodio de tiempo perdido.

El señor Mitchell fue muy amable. Era bondadoso y protector, un tanto similar a un abuelo, y yo confié en él de inmediato. Él podía ver cuán nerviosa estaba, y yo no podía dejar de disculparme tampoco con él. Me sentía mal porque él estuviera atrapado ahí en su oficina, en un fin de semana, dedicando tiempo a algo que no aportaría nada.

El señor Mitchell me explicó la hipnosis. No era, como algunos creían, un estado profundo de sueño o inconsciencia, en donde estás fácilmente influenciado para hacer o creer en algo que no es aceptable o no es una verdad para ti. Sin duda, era justo lo contrario. Era un alto nivel de consciencia en donde el tiempo no existía. En otras palabras, yo sería capaz de volver a ese día en que mi coche se había parado y «revivir» la experiencia completa como si estuviera sucediendo en tiempo real. Una parte de mí estaría consciente de que yo estaba sentada en su oficina en el centro de Chicago, mientras una mayor parte de mi consciencia estaría allá de regreso, viviendo de nuevo aquella experiencia. Él estaría ahí para recordarme que estaba a salvo. Cuando me sentí lista, procedió a «dormirme». Le tomó una cantidad considerable de tiempo y, más tarde, Don me dijo que casi se habían dado por vencidos. Aun así, yo estaba sorprendida cuando me dijo que él estaba listo para llevarme de vuelta hacia ese día. Yo le expliqué que no estaba aún bajo hipnosis. Él respondió que sin duda ya estaba bajo hipnosis, y, para probar ese punto, después de decirme que no me dolería, clavó una gran aguja en la palma de mi mano. Yo miré la aguja clavándose en la mitad de mi mano y me convencí, porque, ciertamente, no hubo nada de dolor. Fue para mí fascinante, sin embargo, que yo no sintiera nada diferente de cuando había estado sentada ahí, diez minutos antes, platicando con él. Como resultado, yo no esperaba mucho de ese proceso.

Regreso a la experiencia de abducción en la carretera

Me pidió regresar al día en que había estado de camino a casa de Vicky para ir de compras con ella y su hermana. Tomó un poco de esfuerzo, pero eventualmente me encontré de vuelta ahí. ¡Fue sorprendente! Estaba en un pequeño VW Beetle azul, corriendo a través de la zona rural de Wisconsin.

Ahhhh, podía sentir el aire cálido de primavera entrando a través de la ventanilla abierta, y podía escuchar la canción en la radio. Era una canción de los Beach Boys, uno de mis grupos favoritos. Me sentía feliz, despreocupada y ¡como si todo fuera posible! Estaba cantando junto con el radio, yendo a unos 90 kmh a lo largo de un tramo recto del camino. Estaba solo a unos cinco minutos de la casa de Vicky, e iba a llegar justo a tiempo. Ellas estarían terminando sus quehaceres y listas para partir en cuanto yo llegara. Íbamos a comprar ropa para la escuela y, en efecto, tenía algo de dinero pàra gastar. La vida era buena.

A medida que corría, el motor del coche de pronto se detuvo, simplemente se murió sin razón aparente. El auto rodó hasta pararse, justo cuando yo me percaté de unos trabajadores parados a un costado de la carretera. Ellos tenían un tipo de vara o palo en sus manos. «¿Qué estaban haciendo agitando esos instrumentos en el suelo?» Me pareció un trabajo bastante extraño. Parecía que estuvieran usando detectores de metales, buscando por algo en el suelo. Noté que todos estaban vestidos igual con overoles gris-azulado.

Tuve un pensamiento rápido: «Menos mal que mi auto se haya parado para que yo disminuyera la velocidad, porque quizá no los hubiera notado a tiempo».

Uno de los trabajadores había caminado hacia la carretera. El tonto estaba parado a la mitad de mi carril. Estoy intentando descubrir quiénes son esos chicos.

«¿Trabajadores? No. ¿Quizá sean del club de caza con arco, que está más adelante? Quizá se les perdió una flecha y eso es lo que están buscando por la cuneta».

Pero incluso mientras tuve ese pensamiento, me di cuenta de que no hacía sentido.

«Los cazadores con arco no se visten iguales con overoles, y estamos a unos buenos cuatrocientos metros o más de la casa club».

El hombre camina hacia mí, sus ojos son hipnotizantes. Ahora mi memoria se detiene. Parece que no puedo continuar. Una y otra vez el señor Mitchell me lleva por los eventos hacia ese momento, y una y otra vez, titubeo y no puedo continuar. Finalmente, después de muchos intentos, atravesé el bloqueo.

Bajo hipnosis, levanté mi pie derecho como si reviviera la experiencia de quitarlo del acelerador, y mi pie izquierdo hizo el movimiento de pisar el embrague. Al mismo tiempo, mi mano derecha se movió y recreó la experiencia de apagar el radio. Intenté «soltar el embrague» para hacer que el coche encendiera de nuevo. No tuvo efecto alguno, así que me orillé y apagué el motor, intentando reiniciarlo. Estaba muerto, totalmente sin respuesta.

A esas alturas, el coche ya había rodado para detenerse frente al hombre parado en la carretera. No podía concentrarme en él. Era como si él estuviera ahí, pero no podía obtener una imagen clara de él. Después él habló. —Hola Sherry. Te estábamos esperando. Mi mente se tambaleó a medida que intentaba comprender y darle sentido a lo que acababa de escuchar.

«Quién era esa persona que sabía mi nombre y sabía suficiente sobre mí y mi vida para saber que estaría manejando por esa carretera a esa hora exacta?»

Miré hacia afuera por el parabrisas y estaba aterrada de ver que no era humano. Observé mi mente intentando hacer cambios de lo que estaba viendo, intentando «corregir» la visión que mis ojos me estaban mostrando.

Los otros hombres que habían estado trabajando en la cuneta con sus varas, estaban caminando hacia el coche. Luego, el hombre que había hablado, se inclinó con ambas manos sobre el cofre de mi coche y miró hacia dentro del parabrisas. Inmediatamente aparté la mirada y, de alguna forma, me las ingenié para subir mi ventanilla, asegurar la puerta y tomar el volante con ambas manos. Puse mi cabeza abajo sobre mis brazos, contra el volante, y me negué a mirarlo.

Ya es hora

Se tornó muy tajante conmigo y volvió a llamarme por mi nombre, diciéndome que lo mirara. No me moví. Luego él dijo que ya era hora, tenía que ir con él.

Yo estaba temblando como una hoja en una tormenta y aferrada al volante con todas mis fuerzas. El decir que estaba aterrorizada sería un gran eufemismo. Luego lo escuché hablar en términos más gentiles, a medida que me decía que el miedo se iría si yo sencillamente lo mirara. Me negué a moverme. No podía moverme.

Lo que pasó a continuación fue difícil para mí aceptarlo, y mi mente consciente luchó contra ese recuerdo. Mientras mi cabeza estaba contra el volante, sentí que algo comenzaba a tocar mi brazo. Abrí mis ojos para ver una mano como garra, marrón-grisáceo, sujetando mi muñeca. Envolvió sus dedos largos espigados alrededor de mi antebrazo y comenzó a jalarme para sacarme del auto. Nunca tuve claro si la puerta estuvo abierta en algún momento. No creo que lo estuviera, pero mi mente rechazó eso, así que nunca estuve segura de ese hecho.

El señor Mitchell estaba insistiendo gentilmente para sacar los recuerdos de mí, preguntándome qué estaba sucediendo. Él nunca, ni una sola vez, hizo una pregunta sugerente ni determinante. Yo estaba asombrada por lo que estaba reviviendo, y realmente batallé con lo que mi mente me estaba mostrando. Y, sin embargo, sabía que era real.

«Esto fue real, esto es lo que me sucedió en ese cálido día de primavera hace más de veinte años. Este era el secreto que mi mente había mantenido oculto de mi yo consciente».

Ahora estaba fuera del auto y mirando al hombre que había dicho mi nombre. Me calmé en el mismo segundo en que esos dedos envolvieron mi muñeca. El temblor se había detenido, mi respiración estaba volviendo a lo normal y yo no me sentía como si fuera a morir de miedo. Miré a este hombre quien me parecía familiar de cierta forma.

Él era bajo, alrededor de 1.40 m. Tenía una gran cabeza de forma rara y barba puntiaguda, ojos grandes como escarabajo, que parecían mirar dentro hacia mi propia alma, y un cuerpo menudo. Recuerdo haberme preguntado cómo ese cuello tan delgado podía soportar esa cabeza tan grande y de apariencia pesada. Tenía sólo una línea en donde debería estar su boca, y noté enseguida que no se movía cuando él me hablaba, sin embargo, escuchaba claramente su voz. No parecía tener orejas, sólo algún tipo de hoyo o hendidura. También faltaba su nariz. Había dos ranuras en donde debería haber estado. Su piel era marrón-grisácea y todos ellos vestían lo que parecía ser un overol de una sola pieza, que era de color gris-azulado. Estaban todos usando gorros que se ajustaban a sus cabezas.

El obvio «líder» estaba vestido ligeramente diferente y tenía una insignia en un parche ubicado en el lado izquierdo de su pecho. Era un triángulo con lo que parecía ser una espada o simplemente una línea recta vertical por el medio. Una serpiente roja o algo parecido, se enroscaba alrededor de la línea central y había escritura que parecían ser jeroglíficos sobre el parche.

Las dos criaturas de pie a cada lado de mí, tomando mis muñecas en una sujeción como tornillo de banco, eran similares, pero me di cuenta de diferencias sutiles. Sus overoles no eran tan oscuros como el del líder y parecían no tener ningún tipo de ornamenta en ellos. Parecían ser ligeramente más pequeños, pero quizá porque eran claramente de un rango inferior, simplemente parecían más pequeños. Ellos no dijeron nada. El cuarto sujeto seguía de pie a un costado del camino, con su varita. Los chicos que me estaban sujetando, tomaron sus varitas en sus otras manos, mientras el señor Líder permanecía sin varita.

De nuevo me dijeron que era hora de que fuera con ellos.

Procedieron a llevarme hacia el lado derecho de la carretera. A medida que nos dirigíamos en esa dirección, noté una nave plateada estacionada sobre el campo. Parecía tan fuera de lugar, como si perteneciera a un estudio de cine o a un parque de atracciones. Yo estaba fascinada por ella, pero algo temerosa cuando me di cuenta de que era ahí a donde intentaban llevarme. Traté de resistirme, pero no había nada que pudiera hacer.

Me arrastraron y parecía que ni siquiera notaban que yo no estaba ayudando en el proceso. A medida que nos acercábamos a la cuneta, volví a desorientarme con lo que estaba ocurriendo. Parecía «deslizarme» por encima del suelo. Yo estaba segura de que navegamos por encima de la cerca y aterrizamos gentilmente del otro lado; esas varitas podrían haber tenido algo que ver. Ellos me movieron hacia la nave a gran velocidad. Supliqué que me dejaran ir.

El señor Líder me dijo que eso no era posible, y que todo iría mejor si tan solo cooperara. Yo tropecé y me lastimé al caer de rodillas en el terreno labrado desigualmente. Ellos no lo notaron y continuaron moviéndose. Finalmente me rendí y los dejé arrastrarme. Estábamos casi llegando a la nave.

Era realmente algo asombroso de ver. Creo que podría haberla visto todo el día. Era brillante, plateada, asentada sobre tres o quizá cuatro piernas que se extendían hacia abajo. No era demasiado grande, quizá 6 metros de diámetro. Una puerta con rampa se abrió hacia el suelo, pero era demasiado empinada y sin escalones. Había alguien parado junto a la rampa mientras nos acercábamos. Un humano. No, a medida que nos acercamos, pude ver que no era humano, sino más bien lo que podría pensar como un «humanoide», y era mujer. Era más alta que los chicos. Era más o menos de mi estatura, 1.65 m. en ese entonces, y tenía ojos cafés almendrados, algo grandes. Lo siguiente que noté fue su cabello, era de un color café desparejo, muy delgado y fibroso, como si hubiera estado enferma. Sin duda, se veía enfermiza con piel pálida, y estaba demasiado delgada y huesuda. Tenía pómulos marcados bastante pronunciados y labios gruesos. Vestía una especie de vestido ondeante de un color neutral. Una vez más, tuve la sensación de conocerla. Por alguna razón, ella tenía un efecto tranquilizador sobre mí. No estoy segura de esto, pero creo que sus labios se movieron cuando ella me habló. También sabía mi nombre y la implicación estaba clara, ella estaba aquí para ayudar a que me sintiera más cómoda.

Estábamos de pie fuera de la nave y mis dos captores me soltaron las muñecas. Me dijeron que entrara con la dama y le dejara ayudarme a desvestirme.

Ya sabes qué hacer

—Ya sabes qué hacer —dijo el señor Líder.

De alguna forma lo sabía. Alguien me ayudó a subir la rampa, creo que fue la dama.

A medida que entraba a la nave, instantáneamente me di cuenta de dos cosas: 1) era muy, muy frío ahí, y 2) el interior de la nave no hacía juego con el exterior. Es decir, el interior parecía ser la parte interna de un barco que debería medir al menos 18 m. de diámetro. Era extraño y desorientador. Miré a mi alrededor mientras entraba y sentí una cierta familiaridad con eso.

A mi derecha estaba una pared que tenía al menos una puerta que daba hacia otra habitación. Frente a mí y hacia la izquierda, había una gran sala abierta con paredes exteriores curvas; esto es, se curvaban alrededor, ya que la nave era redonda, pero también se curvaban hacia

39

abajo desde el techo. Era mucho más alta de lo que parecía desde el exterior. Hubiera pensado que tendría que entrar agachada, pero el techo estaba a varios metros sobre mi cabeza. Había muchas ventanas con lo que parecían ser bancas debajo de ellas.

Hacia mi izquierda estaba una camilla de examinación con instrumentos e iluminación sobre ella. Contra la pared y hacia la izquierda de la camilla y más allá, había un escritorio empotrado con una silla. Sobre el escritorio había lo que entonces tomé por una pequeña televisión, pero lo que ahora diría que es una computadora. Tenía un teclado frente a ella. Había libreros con libros y archivos sobre ellos.

Detrás de la camilla de examinación y hacia la derecha del escritorio, estaba un pasillo que parecía extenderse hacia la parte posterior de la nave. Ahí había monitores, pantallas o ventanas empotradas en las paredes a lo largo del corredor; no pude obtener una buena vista para tener más claridad de lo que eran. Y había puertas dirigiendo hacia otras habitaciones.

La dama me dio paso hacia la habitación que estaba a mi derecha inmediata. Se me indicó que removiera todas mis ropas y me subiera a la camilla. Me resistí, pero no por mucho. Ella caminó hacia mí y comenzó a quitarme mi ropa a la fuerza, mientras me hablaba en un tono gentil, diciéndome que era lo mejor. Ella me llamó por mi nombre y me dijo que todo estaba bien. No me harían daño. Yo estaba muy apenada y no me gustaba la idea de estar desnuda frente a esas criaturas. Ella parecía ajena a mis preocupaciones. Al poco tiempo, estaba sobre la camilla, temblando con frío y miedo.

El chico líder comenzó el examen, pero se detuvo de inmediato y me miró con aparente preocupación. Parecía que se había percatado de mi miedo. Gentilmente me dijo que él iba a aliviar mi ansiedad. Entonces, caminó hacia la cabecera de la camilla y puso sus manos a cada lado de mi cabeza. Inmediatamente estuve en un estado de mucha calma. Se apartó y le indicó a la mujer que tomara su lugar, así que ella lo hizo.

Mi temblor había desaparecido y yo estaba consciente de que el líder jalaba hacia abajo instrumentos desde arriba de su cabeza y me realizaba un «examen». Los otros compañeros parecían estar

40

ocupados con sus propias tareas, pero el señor Líder me habló en una voz tranquila y me explicó en términos simples lo que estaba haciendo. Cada tanto me hacía una pregunta sobre mi salud. Eran preguntas bastante generales. Comentó que yo siempre había tenido cierta debilidad en mis piernas, pero se habían hecho cargo de ello bastante bien. No era capaz de ver mucho de lo que estaba sucediendo, ya que la dama sostenía mi cabeza con sus manos. Mi vista se limitaba a observar las luces e instrumentos extraños sobre mí.

En cierto punto, él tomó mis dedos y utilizó un instrumento para apretar las puntas de cada uno de ellos. Luego tomó otro instrumento y raspó mi antebrazo para tomar una clase de muestra. Finalmente, el señor Líder o, como llegué a conocerlo, Da, dijo que tenían que recolectar mis huevos.

A pesar de que la mujer tenía sus manos sobre mí, me molesté. Da me preguntó qué sucedía, y yo expresé mi preocupación por lo que estaba a punto de hacer. Él quería saber por qué me molestaba tanto, y yo respondí que yo quería tener hijos algún día. Él detuvo lo que estaba haciendo y explicó que el tomar unos pocos de mis óvulos no interferiría con mi habilidad de concebir algún día. Me aseguró que podría tener hijos sin ningún problema.

Entonces él caminó hacia la cabecera de la camilla y, una vez más, puso sus manos a cada lado de mi cabeza. Me habló gentilmente, diciendo que eso era necesario y que debía calmarme. Como antes, todo mi miedo se disipó con su toque.

Lo observé caminar hacia los pies de la camilla y jaló hacia abajo un instrumento grande tipo jeringa, con una gran ajuga al final. La mujer se movió hacia mi derecha y tomó mis manos. Me dijo que la mirara a los ojos y luego se inclinó sobre mí para bloquearme la vista. Sentí una ligera presión en la parte inferior de mi abdomen, pero ningún dolor. Vi una sustancia pálida color amarillo almendrado yendo a través del tubo y fuera de vista, presumiblemente a algún contenedor en algún lado.

Luego, Da caminó hacia la computadora e hizo algo; no pude ver qué. Sobre todo, estaba al tanto de los demás chicos yendo de vuelta hacia el corredor y observando un monitor o a través de una ventana, con un gran nivel de expectativa. Podía sentir la emoción mientras esperaban a que apareciera algún resultado.

Luego Da dijo: —Está bien.

Hubo una muestra de celebración, incluso de los pequeños trabajadores. Da se apartó de la pantalla y me miró, sus grandes ojos negros transmitiéndome lo que me pareció un profundo amor y aprecio.

La mujer me trajo mis ropas y se me permitió vestirme. Me senté en el borde de la camilla y Da me preguntó si contestaría unas preguntas para él. Para entonces, con el examen finalizado, me estaba sintiendo bastante cómoda y a gusto, así que le dije que estaría feliz de intentarlo.

Supongo que yo esperaba preguntas difíciles, abstractas, porque me sorprendió cuando comenzó a preguntarme lo que yo consideraba las preguntas más tontas y vanas como la primera: —¿Eres feliz?

Después continuó preguntándome lo que pensaba acerca de la guerra que mi país estaba librando en Vietnam.

»¿Qué piensas de su presidente? ¿Por quién votaste?

«¿Qué?» Les expliqué que no tenía la edad suficiente para votar.

»¿Sabes que están destruyendo a su planeta?

Y luego, algunas preguntas personales acerca de mi vida. Una en particular pareció extraña: »¿Tienes sexo con los chicos con quienes sales? ¿Amas a alguno? ¿Planeas casarte algún día?

Después dijo que yo podía preguntarle algunas cosas, ya que había sido tan cooperativa.

—¿De dónde son? —Esa fue mi primera pregunta.

Se dirigió hacia el monitor que estaba sobre el escritorio, presionó algunos botones en el «teclado» y puso un mapa estelar en la pantalla. Me dijo que eran de una galaxia conocida como Andrómeda y me mostró su ubicación en la pantalla, en relación con nuestro sistema. También me dijo cómo encontrarla en el cielo nocturno.

—Mira esas tres estrellas y ahí estamos —dijo, señalando un punto en el mapa.

Mi siguiente pregunta sorprendió a todos. —¿Puedo tomar de nuevo un paseo?

Hasta ese punto, yo había estado solo vagamente consciente de que, en realidad, estaba sentada en la oficina de Stanley Mitchell en el centro de Chicago, ya que me había envuelto bastante en revivir el recuerdo. Es difícil de describir, pero había estado observándome a mí misma a medida que volvía a reproducir la experiencia completa, parecido a mirar una película en casa sobre un evento pasado, excepto que sientes todo de ambas formas, emocional y físicamente.

De vez en cuando, el señor Mitchell me incitaba y preguntaba las mismas cosas una y otra vez: —¿Qué está sucediendo ahora? —o bien—, ¿Puedes decirme qué está ocurriendo en este momento?

Pocas veces me pidió aclarar algo que había yo dicho, pero yo estaba definitivamente de vuelta allá, en ese periodo de tiempo. Y ahora esta pregunta, ¿Puedo tomar «de nuevo» un paseo?, cambió mi consciencia hacia mi yo presente, más de lo que había estado en ningún otro momento durante todo este proceso. Sólo por una fracción de segundo me pregunté por el uso de las palabras «de nuevo».

Da me «sonrió». Es decir, sus ojos transmitieron una mirada cálida de alegría, a medida que me decía: —Así que, ¿lo recuerdas?

Después me explicó que no había más tiempo, pero quizá a la próxima podría ser llevada arriba. De cualquier forma, había estado ahí por mucho tiempo y era probable que tuviera molestias más tarde, como un efecto secundario.

Alguien trajo un vaso que contenía una sustancia espesa color almendrado, y se me pidió que lo bebiera todo hasta el fondo. Hice lo que se me pidió. Tenía la sustancia y textura de una malteada, pero el sabor no era apetecible. Sabía un poco a bananas y vainilla, pero había algo más en ello que era desagradable, y me atraganté un poco con los últimos tragos.

Él me dijo que mientras más bebiera, estaría mejor, pero yo de seguro enfermaría del estómago más tarde ese día. Le pregunté por qué era eso y él me dijo que tenía que ver con la diferencia vibracional entre nuestros dos mundos.

Después me sorprendí a mí misma, es decir, la observadora sentada en la oficina del señor Mitchell, al preguntar si podría quedarme con ellos y no regresar a mi mundo. De hecho, le supliqué a él que me dejara quedarme. Le dije que nunca me había sentido como si perteneciera en ese mundo y que era un lugar difícil para vivir. No me gustaba la forma en que los humanos se trataban los unos a los otros, y yo preferiría vivir en su mundo. Hablé rápido mientras me hacía entender.

—¿Sabes que los humanos se matan unos a otros? ¡Y matan animales, sólo por diversión! Son criaturas viciosas, enfermas, y yo no pertenezco aquí. Es un lugar terrible para estar.

«¿Por qué no podía simplemente quedarme con él?»

Instintivamente censuré esa parte del recuerdo, ante los investigadores.

Una vez más, observé el amor en los ojos de Da, a medida que escuchaba mis ruegos. Él parecía triste al contestarme que ellos siempre estarían alrededor, cuidándome, y que yo los vería pronto otra vez. Me explicó que tenía que irme y mi memoria sería borrada de este tiempo que pasamos juntos, como siempre. Yo protesté por ese fragmento de información y les dije que no habría forma en que olvidara yo esto.

¡No olvidaré esto!

Él me escoltó fuera de la nave y me dijo que me llevarían ahora a mi coche y, para cuando llegara a la casa de mis amigas, todo recuerdo de ese encuentro sería borrado. Lo miré a los ojos y le dije en términos inequívocos que yo no olvidaría eso.

Da pareció reírse de mi audacia, como si fuera yo un pequeño niño desafiante. Una vez más, los dos trabajadores grises tomaron mis brazos fuertemente y, junto con Da, me escoltaron de vuelta hacia mi auto.

Cuando llegamos al pequeño Beetle, me colocaron sobre mi asiento y la puerta se cerró. Yo bajé la ventanilla y me estiré para alcanzar nuevamente el brazo de Da y decirle que no lo olvidaría nunca.

Él sonrió brillantemente con sus ojos y dijo: —Sí, olvidarás. Debes olvidar.

Me alejé de ellos e inmediatamente comencé a sentir confusión acerca de lo que acababa de sucederme. Para asegurarme, giré para mirarlos, pero ya se habían marchado, así que eché un vistazo a la nave asentada sobre el campo. Lo hice varias veces mientras manejaba alejándome y continué hasta que doblé la esquina y no pude verla más.

Comencé a repetirme a mí misma, una y otra vez, la frase: «Estuve en una nave espacial, estuve con hombres del espacio exterior». Muchas veces.

Recuerdos que se desvanecen

Mientras me dirigía hacia la casa de Vicky, me confundí acerca de por qué estaba yo diciendo esas palabras, pero recuperaba una parte del recuerdo y continuaba con mi cántico. Se sentía como si la experiencia que acababa de tener, hubiera sido escrita en un pizarrón gigante y alguien estaba tomando un borrador y lo deslizaba a través de la pizarra, eliminando partes de la historia. Había brechas desapareciendo en lugares al azar, lo que hacía difícil el mantenerlo todo junto.

Llegué a la casa de Vicky en unos cinco o seis minutos, y la memoria del episodio había prácticamente desaparecido. Cuando entré a su casa, la primera cosa que noté fue el reloj sobre la tarja en la cocina, mostrando exactamente medio día. Yo había llegado exactamente dos horas tarde. Eso me confundió, ya que estaba segura de que lo había cronometrado todo para estar a las 10:00.

Fui a otra habitación y encontré otro reloj. Marcaba lo mismo. Para entonces, Vicky había bajado muy rápido las escaleras y dijo que era una suerte que las vacas se hubieran salido, de no haber sido así, se hubieran ido sin mí, por haber llegado tan tarde.

Yo estaba un poco aturdida, pero aun así me las arreglé para soltarle de golpe a Vicky que acababa de ver hombrecitos y había estado en una nave espacial. Le insistí en que fuera conmigo en ese momento para que pudiéramos regresar para verla. Escuché las palabras saliendo de mi boca y me confundió la petición, y, sin embargo, una muy pequeña parte de mi mente sabía que era cierto.

Vicky detuvo sus movimientos frenéticos y permaneció quieta a la mitad de la cocina, mirándome por unos pocos segundos antes de reír nerviosamente y correr de vuelta escaleras arriba para terminar de prepararse.

Yo no fui capaz de moverme por un tiempo. Busqué en mi mente intentando unir los extraños fragmentos de memoria que aún estaban ahí. Miré fijamente el reloj, sabiendo que algo estaba mal, más allá del hecho obvio de haber perdido dos horas de mi vida.

Casi pude lograrlo, casi recordé, «¡oh sí, hombres del espacio y una nave plateada asentada sobre el campo!» Podía verlo. Me giré y corrí escaleras arriba para contarle a Vicky, antes de que la imagen dejara mis pensamientos.

Para cuando llegué arriba, había olvidado lo que quería decirle a ella. En lugar de eso, corrí hacia la habitación de su padre y miré su reloj. Corrí desde ahí hasta la otra habitación y encontré otro reloj. De nuevo, señalaban mediodía, así que me dirigí a la habitación de Vicky y miré su reloj. Todos confirmaban que había perdido dos horas de tiempo, y aun así, era incapaz de entender esa información. No podía encontrarle sentido. Mis recuerdos de la experiencia que recién había tenido con Da a bordo de su nave espacial, se había ido, borrado de mi memoria.

Al final resultó que éramos cinco dirigiéndonos ese día hacia Madison. Yo estaba en el asiento trasero con Vicky y su hermanastra. Cuando pasamos por el tramo de carretera adyacente al campo en donde la nave espacial se había asentado, estiré mi cuello en un esfuerzo por verla; sin embargo, incluso al hacer eso, me pregunté qué era lo que estaba buscando. Coloqué mi cabeza entre mis manos y froté mi frente, intentando masajear la memoria y llevarla a primer plano, todo el tiempo sin entender qué recuerdo era el que estaba intentando resucitar. Era muy confuso. Comencé a sentirme muy cansada y mi estómago estaba algo revuelto, así que cerré mis ojos e intenté descansar.

El señor Mitchell me estaba preguntando si quería «cerrar la puerta de mis recuerdos o dejarla abierta».

Yo le pedí una explicación de lo que eso implicaba, y él dijo que, si dejaba la puerta abierta, probablemente ganara claridad acerca del evento que acabábamos de llevar hacia la superficie, pero, si elegía hacer que él cerrara la puerta, reprimiría el recuerdo una vez más, y yo no lo recordaría conscientemente. Elegí mantener la puerta abierta.

Pasada la primera sesión de hipnosis

Mi estado mental después de esa sesión de hipnosis era de shock, enojo, confusión, vergüenza y miedo. Me sentía como Alicia que había caído en el hoyo del conejo y se había perdido. Había entrado a la oficina del señor Mitchell como una persona segura de mi lugar en el mundo, una persona que se movía a través de la vida con un sentido de quién era yo, mejor que el promedio, y segura de mi habilidad para enfrentar lo que fuera que la vida me entregara. Ahora me sentaba ahí, temblando hasta los huesos, incapaz de captar el significado de mis recuerdos. Intenté desesperadamente encontrar una grieta, una falla, una intención oculta, algo que desvirtuara el asunto en su totalidad y me permitiera tirarlo a un lado. Incluso mientras luchaba con mi mente intentando mermar la experiencia, comencé a ganar claridad en ciertos puntos. Quería correr.

Lo que no te mata, te hace más fuerte.
Neitzsche

CAPÍTULO 4:
Viviendo en la casa de los espejos

Intentando reorganizar mi vida

En el camino largo de regreso de Chicago, me mantuve pensando que mi padre de alguna manera tendría las respuestas. Él le daría sentido a esto. Todo lo que tendría que hacer es decirle lo que había pasado y él tendría una explicación lógica. Estaba segura. Él siempre había tenido las respuestas, siempre había sabido cómo operaba la vida. También había sido él el único en la familia en mostrar interés por los ovnis, así que deducía que él sería el que explicara toda esta pesadilla.

Estaba claro que mi esposo no estaba equipado para lidiar con algo tan extraño y perturbador como esto. Había estado conmigo en la sesión de hipnosis y estaba en estado de shock por haber escuchado mi historia. Él literalmente se distanció de mí después de eso, eligiendo caminar algunos pasos detrás de mí a medida que nos dirigíamos hacia el coche, dejando la oficina del señor Mitchell. Él simplemente no fue capaz de ofrecer ningún consuelo, mucho menos tranquilidad.

Se negó a hablar de nada de eso en el camino de dos horas hacia casa, así que me mantuve calmada repitiendo una y otra vez, «mi padre explicará todo esto, mi padre explicará todo esto».

Pero él no lo hizo. Me conmovió hasta la médula cuando él básicamente se negó a permitirme siquiera contarle sobre eso. Intenté transmitirle que necesitaba hablarlo, pero el mensaje que recibí fue muy claro: «No hables de esas tonterías».

Durante los siguientes meses, cuando las experiencias comenzaron a suceder en «tiempo real», me acerqué a mi padre con miedo, buscando respuestas, pero él se encerró y se bloqueó.

Resultó que fue mi hermana quien tuvo algo que aportar. Estaba sumamente temerosa de lo que le yo le estaba contando, pero le estaré por siempre agradecida por haber echado su miedo a un lado para poder estar ahí para mí. Ella me escuchó desahogándome, llorando y enfureciéndome contra la vida por la injusticia de todo lo que estaba pasando. Ella fue fundamental para ayudarme a aceptar la reacción fría de mi padre.

De hecho, sentía que mi papá estaba rechazándome a mí, no solo a la experiencia. Fue muy doloroso ya que me sentí abandonada en un momento en que necesitaba más a mis padres. Por mucho tiempo estuve bastante enojada. Mi padre siempre había sido mi héroe legendario y la persona más lista que conocía. Nunca sabré con certeza por qué no podía, no me daría apoyo ni siquiera de forma que simplemente me dejara hablar. Puede haber tenido su propio miedo sobre el asunto, o quizá era su propio sentimiento de impotencia, de no ser capaz de protegerme, lo que le ocasionó darme la espalda. Yo sabía que él estaba interesado en el asunto, así que fue extraño para mí que no estuviera ni siquiera curioso acerca de lo que yo había experimentado. Siempre se sintió como si él creyera que yo me estaba inventando historias y que esto era sólo una artimaña para conseguir atención. Hasta este día, él ama ver programas de televisión sobre el fenómeno ovni y siempre ha declarado que, lógicamente, no le hace sentido que estemos solos en el Universo.

Bueno, eventualmente yo dejé de intentar descubrir por qué me ignoró y simplemente lo acepté. Eso sirvió para disipar mi enojo, pero sí siento tristeza de que nunca se me haya permitido compartir este viaje con él.

Las siguientes semanas y meses fueron caóticos para mí. Es difícil para mí encontrar las palabras adecuadas para describir lo que yo estaba sintiendo. Era como si alguien hubiera tomado una bomba y la hubiera arrojado hacia mi vida; las piezas de mi vida anterior aún permanecen en ruinas a mi alrededor, y yo no tengo ni idea de cómo volver a unirlas. Me sentía aislada por mis recuerdos y me volví retraída, pero también tenía una necesidad obsesiva de hablar al respecto con algunos pocos escogidos. Quería ayuda para desentrañar este misterio y, siendo pragmática por naturaleza, quería darle sentido para poder encarrilar de nuevo mi vida y avanzar normalmente.

Hay una vergüenza asociada con este fenómeno. La experiencia de abducción es blanco de infinitas bromas en comedias y películas. Es un tema que ha sido altamente ridiculizado, y aquellos que estamos intentando llegar a un acuerdo con la experiencia, sentimos incomodidad y vergüenza. Hablando por mí, ciertamente no me sentía segura para hablar de esto con ninguno de mis amigos, especialmente después de ver cómo respondió mi propia familia.

Sacar citas con los mejores psicólogos del área y llegar preguntando acerca de estas experiencias era bastante traumatizante para mí, pero eso demuestra cuán desesperada estaba por obtener otra explicación. La vergüenza que sentí al ser etiquetada como una abducida alienígena, no ha sido fácil de sobrellevar. El mundo no nos lo pone fácil con este tema en particular.

A raíz de la regresión, a medida que los recuerdos de ese evento extraño se volvieron más y más claros, encontré difícil el pensar en cualquier otra cosa. Detalles pequeños se estaban volviendo claros como el agua, y yo no podía concentrarme en mi trabajo ni enfocarme en nada más. Estaba extremadamente distraída por esos recuerdos, y tenía demasiada necesidad de hablar sobre ellos e intentar procesarlos.

Recurrí a Vicky. Ella había estado ahí, bueno, en cierta forma, durante la abducción en la carretera. Me apoyé bastante en ella, pero comencé a sentir como si yo la estuviera agobiando con mi sentimiento de impotencia. Podía ver que a ella le importaba demasiado, pero no tenía las respuestas que yo estaba buscando.

Necesitaba que alguien me explicara cómo era eso posible. Más que nada, quería que alguien hiciera que todo se fuera. Continuaba pensando que, si pudiera encontrar a la persona correcta, alguien conocedor de estos asuntos, ese individuo podría explicarlo y así podría regresarme mi vida. Ese fue el mayor reto que enfrenté durante todo este periodo de mi vida, ese sentimiento de estar aislada, sin nadie a quien hablarle que pudiera siquiera comenzar a vincularse con lo que yo estaba pasando.

Abducciones recurrentes y recuerdos desconectados

Empeoré aún más cuando las abducciones comenzaron a suceder incluso cuando yo estaba intentando aceptar mis recuerdos. Tan pronto me hice consciente, a través de hipnosis, de haber sido abducida por aliens, fue que comencé a tener esas experiencias en tiempo real. Por mucho tiempo, me preocupé de que de alguna forma los hubiera «invitado» a regresar a mi vida simplemente al abrir la puerta a mi memoria. Si era ese el caso, entonces decidía que quería cerrar esa puerta, pero era demasiado tarde para eso. Ya sabía demasiado en ese momento. Así que, mientras tenía esas experiencias increíbles de terror, de alguna forma intenté continuar viviendo una vida normal. Tuve que forzarme a salir de la cama por las mañanas, pasar tiempo con mis hijas y familia, socializar con amigos, continuar operando mi negocio de forma racional, todo mientras vivía una vida que se sentía como una película de horror.

Soy una persona que necesita ser racional. Soy práctica por naturaleza, así que el no ser capaz de conversar de esto con alguien, fue lo peor que tuve que soportar. No sentía que podía confiar y hablar de ello con ningún otro de mis amigos, aparte de Vicky, y podía ver cómo le dolía no ser capaz de ayudarme. Sabía que estaba esperando demasiado de ella, pero no sabía a quién más recurrir. Con el tiempo, simplemente me aparté. Acudir con mi hermana ya no era una opción, ya que ella estaba luchando con depresión crónica, y yo no quería aumentar su miseria. Como resultado, me sentí totalmente sola en el mundo.

Un día recibí una llamada de una señora mayor, dulce, de nombre Marion. Don le había dado mi número y le pidió que me contactara. Ella se convirtió en un salvavidas para mí. Marion había tenido su propia situación con ovnis, una o dos veces en su vida, y estaba realmente interesada en el tema. Su preocupación genuina por mí y su paciencia sin fin al escucharme al repetir una y otra vez los recuerdos que estaban volviendo constantemente a la superficie, la ubicó en la misma esfera que un ángel o un santo. Llegué a quererla como si fuera mi madre. De vez en cuando le preguntaba a Don y a Marion por alguna pista de cómo y por qué sucedían cosas como esta en ocasiones, pero ellos eran muy cuidadosos con sus palabras. No me proveían respuestas. Más tarde, aprendí que hacían eso en un esfuerzo por mantener libres de «contaminación» mis recuerdos de cualquier experiencia de abducción, y así, por el bien mayor de la investigación, permanecieron neutrales. Don también me había pedido que no leyera ni estudiara nada que ver con ovnis, con el objetivo de evitar que fuera yo indebidamente influenciada, hasta que él completara su investigación sobre mis encuentros.

A medida que pasó el tiempo, los eventos al borde de la carretera se fueron volviendo más claros, y muchos, muchos otros recuerdos de mis encuentros pasados, surgieron hasta la superficie de mi consciencia. De pronto, muchas ocurrencias extrañas cobraron sentido. «¿Cómo había sido incapaz de saber que algo inusual estaba ocurriendo en mi vida o había ocurrido mi vida entera? ¿Cómo había minimizado tantos hechos misteriosos y me había convencido de que no había nada extraño sucediendo?»

Y, sin embargo, estaba obsesionada en probar que los recuerdos estaban mal. Quería que me diagnosticaran locura, en lugar de responsabilizarme de estos incidentes que estaban inundando mi mente consciente. Había aceptado el haber tenido eventos extraños en mi vida, pero no quería que las abducciones alienígenas fueran la respuesta. Era demasiado práctica, demasiado pragmática y demasiado sensible como para aceptar eso. Más que nada, yo sólo quería una vida normal. Con ese fin, busqué por discrepancias y fallas en la historia que había surgido estando bajo hipnosis.

Incidente en Tipperary Road

Durante la sesión, se me pidió que señalara la ubicación de la abducción. Yo dije que estaba en Hwy. 92 y la intersección más cercana estaba un poco más adelante. No sabía el nombre de ese camino. Stanley Mitchell me pidió que observara el letrero en el camino y leyera el nombre, cosa que hice. El hecho de haber podido hacer eso es algo que me tiene fascinada hasta este día. Así que, a pesar de estar reviviendo un evento que ocurrió hace casi veinte años, y que nunca había observado el letrero del camino mientras el evento sucedía en realidad, era capaz de hacerlo estando en un estado de hipnosis inducida. Aún no tengo claro cómo funciona eso, pero Stanley Mitchell me pidió que hiciera algunas cosas de ese tipo, checar la hora, mirar alrededor de la nave espacial, observar más de cerca la insignia en el overol del líder.

Eso muestra cuán delicado puede ser el proceso de regresión o recuperación de memoria. Claramente, una persona puede ser fácilmente desviada de su curso y lejos de los hechos que en realidad ocurrieron. Cuando observé el letrero del camino, fui capaz de ver claramente el nombre, Tipperary Road. Así que, de acuerdo a mis afirmaciones durante la hipnosis, fui abducida el domingo 12 de mayo, a las 9:45 a.m., cerca de la intersección de Hwy. 92 con Tipperary Road.

Semanas después de la regresión, conduje de vuelta a la ubicación en donde sucedió el evento. Todavía vivo en el área en que crecí y me encuentro de vez en cuando manejando por ese camino. Cada vez que llegaba a esa pendiente en la carretera en donde mi coche se detuvo, sentía que mi cuerpo comenzaba a tensarse. Me invadía una sensación extraña de ansiedad y generalmente miraba fuera hacia el campo, como si esperara ver algo ahí.

Ahora, claro está, me doy cuenta de que eso que yo buscaba era la nave espacial. A medida que me acercaba ahí ese día, mi incomodidad tenía un sabor diferente. No sé cómo explicarlo de otra manera más que decir que los recuerdos no terminaban abruptamente, sino que fluían a través de mí, de forma ininterrumpida. De hecho, era un alivio. Me orillé a un lado de la carretera, cerca del lugar en donde se había parado mi coche. Miré hacia afuera al punto exacto en donde había estado la nave. Había una pequeña cresta en el campo, y yo supe instintivamente que era ahí, justo ahí, en donde la nave plateada se había asentado.

Me senté ahí por un rato, intentando calibrar mis sentimientos, intentando encontrar algo en mí que saliera a la superficie y lo pusiera todo en orden. En realidad, no sentía miedo. No, era simplemente confusión y frustración. Llevé el coche más cerca de la intersección y leí el nombre en el letrero. No decía Tipperary Road. Miré fijamente el letrero, entendiendo de forma inmediata lo que significaba ese pequeño pedazo de información. ¡No decía Tipperary Road!

Comencé a temblar cuando la enormidad de eso empapó mi cerebro. ¡Así que la memoria bajo hipnosis «estaba» mal! ¡Viva! Si eso estaba mal, ¿no significaba entonces que todo pudiera estar mal? ¡Estaba eufórica!

Conduje de vuelta a casa sintiéndome mejor de lo que me había sentido por mucho tiempo. Instantáneamente, detrás de mí, estuvieron sentimientos de alivio al finalmente recordar lo que había sucedido ese día y la sensación de conocimiento que había sentido sólo minutos antes. Esto estaba mejor. Esto tenía el potencial para poner mi vida de vuelta en un estado de normalidad. Era algo sobre lo que basarme, un punto de partida para desmantelar todo el resto de esos recuerdos ridículos. Iba a recuperar mi vida.

Mi alivio duró poco. Algunos días más tarde, compartí mi descubrimiento con Vicky, y ella replicó tranquilamente que el nombre de ese camino había sido Tipperary, pero lo cambiaron algunos años atrás. Ella parecía bastante segura. Y no tenía idea de cómo acababa de hacer añicos mi pequeño rayo de esperanza. Yo nunca había escuchado que cambiaran de nombre los caminos, así que me resistí ante lo que me estaba diciendo. No tenía sentido para mí que un organismo gubernamental cambiara el nombre de un camino ¿Cuál podría ser la razón? Busqué por mi oficina y encontré un viejo libro de cartografía y miré la municipalidad adecuada. Mi corazón se detuvo cuando vi, escrito claramente, las palabras «Tipperary Road», en las marcas que indicaban el camino. Me sentí devastada. Vencida.

La vida nunca volvió a la normalidad. Era como si me hubieran dado un boleto para un carnaval que estaba lleno de recorridos y atracciones raras. Yo estaba atrapada dentro del carnaval y, por más que lo intentaba, no podía encontrar mi camino hacia la vida normal del día a día, la que yo sabía que existía fuera de esas paredes.

Deambulaba como en un estupor, intentando tener una vida normal mientras vivía en la casa de los espejos. Todo estaba distorsionado. Lo normal no existía. Mi mente era inundada con imágenes que no siempre tenían sentido para mí. Un recuerdo recurrente era sobre mí caminando por un tipo de galería con Da y otros tres grises. Estábamos mirando hacia una habitación llena de catres. Estaban todos alineados con pasillos estrechos abriéndose paso entre ellos, y sobre los catres había soldados, la mayoría en uniformes. Todos estaban inconscientes. Da explicó que se les mantenía en un estado alterado de consciencia. Era sencillo, dijo, recoger tropas durante el combate. El tiempo perdido no se notaría y podían mantener un régimen completo por un prolongado periodo de tiempo, sin que nadie se diera cuenta.

Bajé al piso inferior y caminé entre los catres. Miré abajo hacia los rostros durmientes de esos hombres, la mayoría de los cuales eran tan jóvenes que me dolía el corazón. Casi todos estaban vestidos en lo que sería un traje para combate en la jungla. Estaban sucios y desaliñados. Parecían ser casi todos estadounidenses, pero había algunas tropas de otros lugares. Yo no entendía la razón por la que se me mostraba eso, ni se me dijo, al menos en lo que me mostraron en mis recuerdos, cuál era el propósito de recoger todos esos soldados. Mi reacción visceral fue que se les estaba dando un indulto de los horrores de la guerra, una oportunidad para descansar sus cuerpos y mentes. Quizá se les estaba dando una dosis de «humanidad».

¿Víctima o igual?

Mis recuerdos comenzaban a caer dentro de dos categorías. Estaban las que eran como la anterior, en donde yo era claramente una igual a mis abductores. En algunas circunstancias, se sentía como si ellos estuvieran buscando aprobación de lo que realizaban y guía sobre la mejor manera de realizar su «trabajo». Muchas veces me pregunté si esos seres serían en realidad mis antepasados, ya que la conexión se sentía así de fuerte. Sin duda, claramente tenía una proximidad de alguna clase con ellos, pero nunca entendí su origen.

55

Y había todas esas otras instancias en donde yo parecía ser una víctima de su «trabajo». Tomada desde mi auto, cama o área de juegos y sometida a exámenes físicos y emocionales. No importaba cuántas veces se me hubiera llevado, siempre comenzaba como una experiencia hostil. Y siempre mis miedos se calmaban al observar sus ojos o sentir su toque.

Su trato hacia mí iba desde fría indiferencia hasta amor y respeto sobrecogedores. Al pasar los años, llegué a entender que la percepción lo es todo, pero en las primeras etapas al intentar integrar esas experiencias a mi vida, yo luché casi constantemente con ese aspecto de los encuentros. Después de haber alcanzado un punto de aceptación, y cuando no podía repudiar más el fenómeno, tuve una fuerte necesidad de concluir si esos seres eran buenos o malos. Así que, con ese propósito, estaba ansiosa por obtener cualquier información que pudiera para aprender acerca de esas criaturas. Una y otra vez, reproducía los eventos que sabía que eran ciertos, buscando pistas sobre qué y quiénes eran esos seres. Cuando se me pidió continuar la investigación al someterme de nuevo a hipnosis, yo estuve feliz de hacerlo. Cualquier fragmento de información que pudiera ganar, era bienvenido por mí. Necesitaba saber quiénes eran mis abductores y determinar por qué sucedía eso.

Segunda sesión de hipnosis

Se programó una siguiente sesión con el señor Mitchell para explorar aún más los eventos de la abducción a orillas de la carretera y ganar claridad en algunos de los puntos más vagos. Así que, mi esposo y yo hicimos el viaje de vuelta a Chicago y yo me sometí a otra sesión. Esta fue más fácil y no fue ni cercana a lo traumatizante que había sido la experiencia que tuve la primera ronda, ya que esta vez yo sabía qué esperar. La última regresión había durado un par de horas, ya que el señor Mitchell había utilizado un proceso que era conocido por ser el más efectivo en extraer la verdad desde el testigo, sin dirigir ni sugerir. Había sido llevada a través de la experiencia un total de tres veces, durante esa primera sesión. A medida que los recuerdos salían a la superficie, se me permitió únicamente revivir la experiencia con todas sus emociones. Yo hice movimientos y gestos como si estuviera teniendo la experiencia en tiempo real.

Don me reportó más tarde que yo temblé de frío mientras estuve dentro de la nave, y temblé de miedo al ver a mis abductores. Mi voz se quebró con emoción y miedo a medida que relataba lo que iba experimentando. Él dijo que fue desolador verlo. Después de haber pasado por la historia completa, terminando conmigo en la casa de Vicky, el señor Mitchell me sacó del estado hipnótico por un descanso, antes de llevarme de regreso para pasar por ello una segunda vez.

Esta vez, me llevó a un estado de hipnosis profunda y me hizo ser la observadora del evento. Era como si yo fuera una testigo, observando cómo pasaba el evento, y yo era capaz de estar calmada y, de alguna forma, desapegada. Se me permitió «jalar una cortina» en cualquier parte, si es que se volvía demasiado traumatizante. Con esta regresión, fui más capaz de obtener detalles de la abducción y de todo lo que sucedió. De nuevo, al finalizar, fui llevada fuera del estado hipnótico y se me permitió descansar un momento, antes de que me llevara de nuevo para pasar por la experiencia por tercera y última vez.

En esta ocasión, estuve totalmente inmersa en lo que me estaba sucediendo, y se me pidió que compartiera lo que estaba pensando y sintiendo. De cierta forma, este recuento fue más difícil que incluso el primero, ya que se me instó a explorar y expresar mis sentimientos. Encontré que mis pensamientos se volvieron confusos mientras luchaba por darle sentido a lo que me estaba sucediendo.

Sobre todo, no fui capaz de rectificar ese sentimiento de conocer a mis captores y querer permanecer con ellos. Encontré eso bastante perturbador cuando busqué por mi mente para comprender de qué se trataba todo eso y de dónde venía. Estoy bastante segura de haberme guardado esos detalles para mí misma, de alguna manera sabiendo, incluso en ese estado de consciencia, que esos pensamientos eran muy privados y podrían ser considerados extraños por mis investigadores.

Así que, comparada con aquella primera regresión, esta segunda sesión con el señor Mitchell fue muy fácil y para nada traumática. Habían pasado varios meses desde que me sometí a la primera regresión inquietante, y me había aclimatado a la experiencia de abducción tanto como lo podría hacer una persona. Detalles menores sobre los eventos fueron surgiendo hacia la superficie, pero en general, casi toda la experiencia había sido recuperada durante la primera sesión. El camino de regreso a Wisconsin no fue tan doloroso ni confuso como lo había sido el primero, aunque es verdad que tomó varios años antes de que mis pensamientos no fueran dominados por esos recuerdos.

Tu dolor es la ruptura del caparazón
que bloquea tu entendimiento.
Kahlil Gibran

CAPÍTULO 5:
Ese no es un ángel. ¡Es un extraterrestre!

Entrevista con Vicky—verano de 1987

La investigación llegó a un punto en el que Don quería conocer a Vicky y escuchar directamente de ella lo que era su remembranza de ese día en 1968. Así que, un domingo por la tarde nos reunimos todos en mi casa y Vicky compartió lo que recordaba acerca no sólo de ese evento, sino de otras cosas extrañas que habían sucedido durante el mismo periodo de tiempo. Claramente, Vicky recordaba mi llegada dos horas tarde, hablar de una nave espacial e intentar llevarla de vuelta conmigo para verla y conocer a sus ocupantes.

Yo tuve una reacción mezclada al escucharla hablar sobre ello. Por un lado, se sentía bien tener confirmada de algún modo esa estrafalaria historia, pero, por otro lado, yo realmente odiaba tener la validez de tal evento en mi vida. Yo estaba aún deseando que se me diagnosticara una enfermedad mental, ya que hubiera sido más fácil lidiar con ella, a mi forma de ver.

A medida que nos sentamos y hablamos con Vicky sobre esos días, no pude negar que había tenido otros pocos incidentes que tuvieron un alto nivel de rareza en ellos. Las piezas estaban lentamente surgiendo hacia la superficie, como si hubieran sido sujetas en mi memoria, detrás de una pared o bloque que me había impedido ver el panorama completo. Comenzamos a comparar notas en algunos de esos eventos extraños, y no fue fácil aceptar el entendimiento de cuán involucrados habían estado esos seres en mi vida.

Abducción en una granja—invierno de 1968-1969

Había un episodio en particular sobre el que yo siempre me había preguntado. Ahora todo se estaba uniendo, y lo que yo recordé fue claro como el agua. Había sucedido en el invierno de 1968-1969, después de la abducción junto a la carretera, de mayo. Le pregunté a Vicky si recordaba una noche en que, horas después de que nos habíamos ido a dormir, yo había trastabillado de vuelta hacia la cama, con los pies helados y con cortadas, con tan solo una playera puesta. A medida que yo hablaba, los eventos vinieron de vuelta a mí con claridad continua.

Recuerdo haberme despertado, haberme levantado de la cama y caminado fuera de la casa hacia una nave espacial asentada en la pequeña colina ubicada al este de la casa. Esta era una nave mucho más grande que la involucrada en mi abducción al borde de la carretera. De nuevo, la visión de ella fue surreal. Asentada sobre la cuesta con luz fluyendo hacia fuera desde los muchos portales que rodeaban la nave, era algo asombroso para observar. Caminé hacia ella sin miedo. No recuerdo a nadie escoltándome. Parecía estar caminando por voluntad propia. Uno o dos seres estaban de pie junto a la rampa abierta. La luz de esa abertura era brillante, y yo podía ver con sombras las figuras que estaban de pie, pero no podía discernir claramente qué o quiénes eran.

Y luego, ¡BAM!, yo estaba siendo arrojada hacia abajo por ellos. Me dejaron caer desde varios metros de distancia en el aire y yo golpeé el suelo con un ruido sordo y me desplomé. Miré arriba a tiempo para ver que la nave se elevaba en línea recta hacia el aire y se alejaba silenciosamente por encima de un gran edificio. Yo les grité que volvieran, pero claro, ya se habían ido, y yo fui abandonada ahí, en el frío y la oscuridad.

Miré a mi alrededor e intenté discernir en dónde estaba, pero no podía ver nada. Había estado en la luz interior brillante de la nave justo hacía un momento, y ahora ahí estaba en completa oscuridad. Estaba totalmente desorientada, y temí que me fuera a congelar hasta morir. Estaba segura de que habían cometido un error y me habían bajado en el lugar equivocado. Trastabillé alrededor intentando encontrar mi camino. Mis pies inmediatamente comenzaron a doler, ya que el terreno estaba congelado, con parches de nieve y hielo. Estiré mis brazos y sentí un alambrado tubular metálico que parecía rodearme. Mis ojos estaban comenzando a acostumbrarse a la oscuridad, y yo fui capaz de distinguir la silueta de un cobertizo. Estaba furiosa con ellos por simplemente dejarme ahí para valerme por mí misma. Estaba temblando de frío y enojo mientras trepaba por una reja de metal y aterrizaba fuertemente sobre hielo y lodo congelado, cortando las plantas de mis pies. Caminé alrededor de lo que creí era el establo, pero más tarde descubrí que era el cobertizo de cerdos. Estaba inmensamente aliviada de ver la casa de Vicky justo frente a mí. ¡Me habían dejado en un criadero cercado, localizado en la esquina posterior de la granja!

Para entonces, mis pies realmente lastimaban, y yo estaba temblando incontrolablemente. La seguridad de la casa parecía estar a un kilómetro de distancia, pero en realidad estaba a unos 60 metros, y rápidamente cojee a través del campo hacia la cálida entrada. Como en muchas casas de granja, había un lavabo y área de limpieza para cuando el granjero llega a la casa. Inmediatamente envolví mis pies en la toalla que colgaba del lavabo y los froté vigorosamente, intentando calentarlos. Oh, cuánto dolían.

«¿Cómo habían podido hacer eso?» Estaba helando afuera; yo habría podido morir fácilmente si no hubiera encontrado mi camino desde atrás de ese cobertizo.

Comenzaba a sentirme confundida. Para ese punto, parecía que mi enojo ante ellos había mantenido viva mi memoria acerca de lo que acababa de experimentar, de forma consciente y en primera fila de mis pensamientos, pero ahora estaba desapareciendo rápidamente.

«¿Qué había estado yo haciendo fuera a estas horas de la noche, sin casi nada de ropa encima? ¿Había caminado dormida?»

No sabía que yo hubiera hecho eso alguna vez.

«¿Qué es lo que había estado haciendo detrás del cobertizo?» Claramente recuerdo haber estado ahí y haber trepado la reja.

A medida que dejaba correr el agua, esperando que saliera caliente, me incliné a través del lavabo y me miré de cerca en el espejo. Miré profundamente a través de mis ojos e intenté con muchas fuerzas ver quién era realmente. Supe que la imagen que estaba viendo no era yo. Había secretos ahí detrás de esos ojos cafés, y yo había sabido esos secretos apenas momentos antes. Intenté aferrarme a ellos, pero era como intentar atrapar una mariposa. Me estiraba para tocarla, pero nunca pude agarrarla realmente. En el mejor de los casos, hubiera sentido el cepillado suave de sus alas contra mis manos, así que sabía que era real, estaba ahí, pero nunca pude en realidad cerrar mis dedos alrededor de ella.

Empapé una parte de la toalla en el agua cálida y limpié mis pies lo mejor que pude. Estaban congelados y el calor de la toalla provocó que dolieran aún más. Lloré mientras los frotaba, pero no era sólo por el dolor. Era la confusión que estaba experimentando. Un sentimiento de abandono me había invadido y una tristeza visceral abrumadora. Estaba nostálgica. Quería irme a mi hogar; no a mi hogar en casa de mis padres, sino a mi «hogar».

La abducción siendo niñera

Vicky también recordaba un incidente que sucedió durante este mismo periodo de tiempo en 1968. Estábamos en la granja, pero no en la casa principal. Su hermana mayor, el esposo de ella e hijo pequeño, vivían en una pequeña segunda casa dentro de la granja. Era una noche en fin de semana y estábamos cuidando a su sobrino. Sí que recuerdo casi todo sobre esto, pero Vicky ayudó a rellenar los espacios en blanco. La casa era demasiado pequeña y el bebé estaba en su cama durmiendo. Nosotras estábamos sentadas en la sala de estar, viendo televisión y bebiendo refrescos.

Recuerdo comenzar a sentirme muy ansiosa y nerviosa.

—Vienen por mí —le dije a Vicky.

—¿Quién? ¿Quién viene por ti? —preguntó ella.

Yo no lo sabía. Solamente la miré, intentando averiguar una respuesta.

—Tienes que protegerme. ¡No dejes que me lleven! —Me escuché a mí misma diciéndolo.

Ella no sabía qué contestar.

Yo salté y dije:

»Escóndeme en el sótano. —Corrí hacia la puerta del sótano y la abrí. Miré hacia abajo hacia el espacio oscuro y húmedo, y supe que eso no iba a funcionar. Azoté la puerta para cerrarla y me dirigí hacia la habitación. Estaba frenética. Sabía que ellos estaban ahí afuera y venían por mí—. ¡Apúrate!

Nos apresuramos hacia la habitación y saltamos en la cama de su hermana, cubriéndonos con la colcha. La cama estaba contra una pared que daba al exterior y ese era el lado en el que yo estaba. Empujé mi espalda apretando contra la pared y tenía a Vicky frente a mí, del otro lado, como una barrera. Miré hacia la puerta, buscándolos.

Hubo un zumbido fuerte y el sentimiento de electricidad en el aire. Ahora ellos estaban demasiado cerca.

«¡Oh no! ¡Cómo pude ser tan estúpida! Ellos simplemente me alcanzarán a través de la pared y me llevarán».

Y con ese pensamiento, perdí toda mi memoria excepto por una visión demasiado borrosa de un platillo asentado sobre la cuesta, en donde siempre aterrizaba cuando venían a la granja por mí. Pero había una parte intrigante: Vicky recuerda todo esto exactamente igual, incluido el zumbido fuerte, el cual ella describe más correctamente y con precisión como una vibración; pero ella se quedó dormida y despertó un tiempo después, y yo ya me había ido de la cama.

La siguiente cosa que ambas supimos, fue que su hermana y su cuñado estaban de pie en la puerta de entrada, regañándonos por meternos a su cama. Les dijimos que un ovni había estado ahí más temprano y que nosotras intentamos escondernos de él, pero ellos solamente se rieron de nosotras. Caminamos pesadamente y con sueño hacia la casa principal y hacia la habitación de Vicky.

Ninguna de las dos olvidamos realmente ese incidente, pero es igual que los demás recuerdos: simplemente los entierras. No piensas en ello. Cuando no tienes parámetros en donde meter el evento, ni alguna realidad a la cual conectarlo, la tendencia es solamente abandonar el asunto completo. Olvidarte de él lo mejor que puedas y no observarlo muy de cerca porque no hay respuestas que encontrar. Agrega a eso los métodos de bloqueo utilizados por los extraterrestres y, antes de que tú lo sepas, el evento es un recuerdo tan vago que bien podría haber sido un sueño.

El incidente con la abeja

Fue alrededor de la misma época cuando Vicky y yo compartimos otro evento bastante extraño. Era un día caluroso de verano, y siendo típicas adolescentes, lo pasamos acostadas bajo el sol. Para eso de las 2:00 nos cansamos de eso y, de cualquier forma, el sol ya había pasado de su cénit, así que decidimos tomar un paseo por el camino. No creo que hubiéramos hecho eso antes, así que debimos haber estado realmente aburridas para siquiera pensar en eso, pero partimos con el objetivo de llegar a la intersección más cercana, que debió haber estado a poco menos de kilómetro y medio. Mientras caminamos por el silencioso camino rural, nuestra conversación fue más que nada sobre los chicos que nos gustaban y con quién saldríamos o esperábamos salir, plática típica de chicas de 17 años. Creo que no encontramos ni un coche ni camión en nuestra excursión por la tarde, así que paseamos sin prisa, caminando justo por el medio del camino.

Estábamos a mitad de camino de nuestro punto de retorno cuando una abeja de pronto comenzó a embestirme. Yo no le tengo miedo a las abejas, aunque haya sido picada una o dos veces, pero me di cuenta de que deben aterrizar sobre ti antes de causarte algún daño, así que generalmente no entro en pánico, simplemente las esquivo o ahuyento con la mano. Tampoco creo en matarlas sin necesidad, pero esta abeja estaba en una misión suicida. Voló hacia mi cara, intentó aterrizar sobre mi nariz, zumbó por mis ojos e incluso se enredó en mi cabello. Era ridículo. Era como un piloto kamikase loco. Intenté todo, pero eventualmente terminé corriendo por el camino para intentar alejarme de ella. Nunca en mi vida había visto nada similar, que es la razón por la que recuerdo ese día tan bien. Fue, bueno, simplemente ridículo.

Vicky y yo nos referimos a eso más tarde como «El día que la abeja nos persiguió por el camino». El motivo por el que menciono este incidente es por la forma en que terminó el paseo. Las cosas se tornaron un poco extrañas. Yo estaba a buena distancia por delante de Vicky, ya que había intentado alejarme de la abeja, así que casi estaba al final del camino y de la intersección en donde teníamos intención de regresar, cuando decidí que necesitaba ir por un pequeño camino lateral que era la entrada de alguien, y quería echar un vistazo a su casa. En mis oídos comenzó a sonar un tono extrañamente alto y agudo, que era más como una vibración, y eso me hizo sentir muy ansiosa.

Recuerdo a Vicky gritándome, preguntándome qué estaba haciendo, y yo diciéndole algo sumamente extraño. Yo le dije que esa gente estaba de vacaciones, y que yo necesitaba asegurarme de que el lugar estaba a salvo. Incluso mientras lo decía y escuchaba esas palabras, sabía que estaba hablando sin sentido. No tenía ni idea de quién podía vivir ahí y ciertamente, no podía saber si estaban de vacaciones, pero yo caminé por esa pequeña entrada y giré en la parte inferior de la cuesta, perdiéndome de la vista de Vicky.

De pronto, me encontré de pie entre algunos arbustos y observando los árboles, preguntándome qué estaba haciendo. Se sentía como si recién me hubiera despertado. Estaba confundida y perpleja, mientras intentaba entender lo que estaba pasando. Se sentía como si estuviera saliendo de algún lugar profundo y oscuro, mientras recordaba el paseo que estaba tomando con Vicky. Mi cabeza estaba pitando cuando salí rápido de la maraña de arbustos en la que había quedado atrapada, y corrí de vuelta hacia el camino principal. Vicky estaba aún de pie en donde la había dejado y, mientras corría hacia ella, ella siguió mi paso y continuamos las dos trotando de vuelta hacia su casa.

Después de un rato, nos detuvimos y caminamos lentamente hacia la granja, pero algo estaba «mal». Ambas estábamos muy débiles y la charla animada que habíamos disfrutado en el paseo por el camino, se nos había olvidado. Yo me sentía abrumadoramente cansada y aún tenía esa sensación ansiosa, inquietante, pero era más que eso. Algo no estaba bien. El día soleado y brillante se había tornado en sombras

65

largas y yo revisé mi reloj, pero creí que se había descompuesto porque eran dos horas más tarde de lo que debería haber sido.

Estaba justo comenzando a preguntarle a Vicky sobre ello cuando escuchamos a su papá encendiendo las máquinas de ordeño en el establo.

«Oh por Dios, ¿estaba ya comenzando a ordeñar?»

De nuevo, miré mi reloj y le dije a Vicky que, de alguna manera eran ahora cerca de las 5:00. Nos miramos la una a la otra en pánico. Busqué el sol y lo encontré detrás de mí, suficientemente bajo en el horizonte para validar la hora. No tenía sentido, pero no tuvimos oportunidad de analizarlo. Se esperaba que ayudáramos a su papá con las tareas, así que corrimos hacia la casa, llegando en empate, para cambiarnos y salir al granero.

No creo que hayamos hablado nunca en gran amplitud sobre ese tiempo perdido. Sí que discutimos a la abeja suicida, pero después de pocos intentos endebles de intentar descifrar a dónde se había ido el tiempo perdido, simplemente lo dejamos pasar. No había respuesta racional, así que no tenía sentido discutirlo.

Eventualmente, llegué a entender que las visitas de mis chicos, los grises, usualmente consistían en un número de encuentros durante un periodo, y desaparecían de mi vida por espacios más extensos de tiempo. El incidente a orillas de la carretera sucedió cuando tenía diecisiete años de edad, y fue evidente gracias a ambos, mi memoria recientemente adquirida y por los recuerdos de Vicky, que tuve un gran número de visitas de ellos por un lapso de 12 a 18 meses. Lo mejor que pude deducir, fue que permanecían alrededor por dos meses a más de un año, para luego partir por meses o incluso años.

Alrededor del tiempo de mis embarazos, estuvieron claramente más involucrados. Sus visitas eran esporádicas y aleatorias con abducciones ocurriendo de 2 a 4 veces por semana, y luego nada por varios días. Sus visitas ocurrieron durante el día tanto como de noche. El tiempo que pasé con ellos fue de 1 a 3 horas, pero hubo veces en que me perdí más de ocho horas continuas. Todas eran experiencias físicas, no las visitas astrales que más tarde se convertirían más en la norma.

Breve paz—matrimonio, múltiples mudanzas 1970

Parece que el alto nivel de actividad que tuve durante el año de 1968, llegó a su fin en algún momento esa primavera o verano, y yo tuve una paz relativa en mi vida hasta 1970, cuando decidí casarme a tan solo diecinueve años de edad. Solo había estado casada poco tiempo cuando sentí de forma crucial que tuviéramos nuestro primer hijo. Ese no había sido nuestro plan, ya que mi esposo era un estudiante de tiempo completo y sencillamente no era factible financieramente. Pero, no obstante, presioné y presioné y argumenté mi punto hasta que, finalmente, Tom cedió.

Claramente, había sido programada por los grises para comenzar nuestra familia en ese momento, contra toda lógica. Mirando atrás, es fácil ver que Da y su banda volvieron a mi vida en esa época, ya que tengo el mismo tipo de memoria parcial, recuerdos extraños de encuentros y eventos de tiempo perdido, que indican su presencia. Parece que estuvieron alrededor por un largo periodo de tiempo durante esos primeros años de mi matrimonio y maternidad.

Incidente de día de Acción de Gracias—1971

Era Acción de Gracias en 1971. Yo tenía veinte años y todavía era recién casada. Mi esposo y yo vivíamos en un departamento barato de dos habitaciones, en una pequeña comunidad a las afueras de Madison. Nos habíamos cambiado recientemente a ese departamento y aún no desempacábamos. Nos habíamos estado mudando cada dos semanas, y si me preguntan por qué habíamos hecho eso, no tendría una respuesta exacta, pero siempre encontraba una excusa.

Llevábamos menos de un año de casados y nos habíamos mudado ya cinco veces. Este patrón continuó a través de los primeros cuatro años de nuestro matrimonio. Sin duda, nos mudamos no menos de diecinueve veces en esos cuatro años. Mi esposo se cansó de eso y de todas las burlas que recibíamos de nuestros parientes.

En una ocasión yo incluso empaqué y nos cambié de casa sin siquiera decirle a él. Fue durante sus exámenes finales, y ya que apenas y lo veía durante esa época, nunca tuve la oportunidad de decirle. Solamente dejé una nota para él pegada en la puerta, diciéndole a dónde nos había mudado, junto con un mapa para que pudiera encontrarme. Sé que eso es difícil de creer, pero es verdad. Yo estaba intentando esconderme, claro está, pero ni siquiera «yo» lo llegué a entender en ese entonces. Rápidamente llegamos al punto en que ni amigos ni parientes nos ayudaban más, pero eso no importaba. Teníamos muy pocas cosas y podíamos hacer todo el trabajo nosotros mismos en un día o dos.

Había llegado a casa del trabajo e intentaba encontrar algo que preparar para cenar. Éramos muy pobres y, en ocasiones, nuestras alacenas se quedaban bastante vacías. Esa era una ocasión de esas.

Mi esposo estaba en la escuela tomando exámenes, pero debía llegar a casa más tarde esa noche. Yo estaba de pie en la cocina cuando escuché un ruido de la habitación trasera. Salí del armario y caminé hacia la mitad del cuarto para mirar hacia el lugar en donde se había originado el sonido, cuando hubo un gran destello de luz desde la segunda habitación, sin usar, y al mismo tiempo un crujido ensordecedor como si un bat gigante golpeara una bola de béisbol.

Recuerdo que hubo movimiento en la habitación vacía y el sonido de pies correteando; el departamento tenía pisos de madera, y se escuchó como si un par de ardillas estuvieran corriendo alrededor.

Mi corazón comenzó a latir con fuerza y me giré para salir corriendo por la puerta principal, cuando miré hacia atrás sobre mi hombro hacia la habitación. Lo que vi fue completamente rechazado por mi mente. Todo lo que tengo es una recopilación débil de un par de criaturas pequeñas saliendo de la segunda habitación. Se estaban moviendo muy rápido hacia mí, con movimientos rápidos y torpes que no parecían estar sucediendo en tiempo real. Es decir, fue como un movimiento en cámara rápida. Sucedió tan deprisa que no pude enfocarme en su apariencia mientras me agarraban.

Luego todo el tiempo se perdió hasta más tarde, cuando llegué tambaleándome desde la segunda habitación. Recuerdo que me pregunté qué estaba haciendo ahí.

«¿Había estado buscando algo en alguna caja? Sí, eso debió ser. Debí haber estado buscando algo».

Pero me sentía extraña y, tal como ahora veo que era un patrón, caminé hacia el baño y me miré a mí misma en el espejo, como si pudiera encontrar la respuesta a mi confusión si tan solo observara lo suficiente mis propios ojos. Estaba bastante desorientada cuando mi esposo regresó de la escuela, exhausto de los exámenes y el trabajo.

Comencé a hostigarlo e insistirle en que hiciéramos el amor. Él intentó excusarse ya que estaba profundamente fatigado, pero yo fui tenaz. Me escuché a mí misma diciendo que ese era el momento óptimo para que yo concibiera y que era imperativo que lo hiciéramos ¡AHORA!

Recuerdo claramente preguntarme por qué pensé eso. «¿Cómo iba yo siquiera a saber tal hecho? En última instancia, ¿por qué estaba siendo yo una maldita desconsiderada con los sentimientos de mi esposo?»

A medida que expresaba mi punto, sentí como si las palabras no fueran mías, sino que hubieran sido programadas en mi mente. Ahora no tengo la más mínima duda sobre ese punto.

Nuestra hija mayor fue concebida esa noche. Cada vez que yo reflexiono sobre esa noche rara, recuerdo el sentimiento extraño de que alguien nos estaba observando. Me quejé con mi esposo de estar segura de que alguien estaba asomándose y espiándonos. Él se levantó y revisó las ventanas, pero yo sabía que no era ahí en donde estaban, ellos estaban en el clóset. Así que me levanté y abrí el clóset para buscar a alguien; así de fuerte era mi sentimiento.

En muchas ocasiones he reflexionado sobre los extraños eventos de esa noche, pero ese sentimiento abrumador de estar siendo observada fue tan intenso que fue «la» cosa que se destacó más; aún más que el brillante destello de luz o el sonido tan fuerte que desafiaba a la lógica, y más que el sonido espeluznante de los pasos correteando.

Yo empaqué y nos mudé fuera de ese departamento a días de haber sucedido ese evento. Me había vuelto muy, muy temerosa de estar ahí y descubrí que me ocasionaba ansiedad el tener que entrar al edificio. Mi memoria de esa noche era borrosa, y ni siquiera le platiqué de eso a nadie. Fue muy bien bloqueada por un largo tiempo, pero debido a mi ansiedad por ese lugar, continué intentando descifrar qué era lo que había sucedido.

Sabía que había un recuerdo, pero sencillamente parecía no poder llegar a él. Una cosa era segura, fuera lo que fuera, me asustó hasta los huesos. Así que nos mudamos antes de haber siquiera desempacado. Vivimos ahí por menos de tres semanas.

La abducción en la casa de piedra—febrero 1972

Esa vez nos habíamos mudado a una casa en una granja, fría, húmeda y, una vez más, me prometí a mí misma quedarme ahí por un tiempo y convertir ese lugar en un hogar. Tom no era el único cansado de mudarse. Yo estaba exasperada de mí misma y cansada de las burlas.

Llevábamos viviendo en esta casa de piedra por menos de tres meses, cuando tuve un encuentro que fui capaz de mantener en mi consciencia, bueno, al menos las partes que condujeron a la abducción e inmediatamente después. Era febrero de 1972. Mi esposo aún era un estudiante de tiempo completo en la universidad, y también manejaba un camión en jornada parcial, para ayudar a mantenernos. Yo tenía unos dos meses de embarazo de nuestra primera hija y trabajaba como asistente en la sala de recuperación en un hospital local.

Era temprano por la mañana y Tom había partido antes del amanecer hacia el trabajo y la escuela. Mi turno comenzaba a las 7:30 a.m., así que tenía que dejar la casa a las 6:45 para poder llegar a tiempo. Me desperté con una sensación de calambres en el abdomen inferior y estaba manchando con sangre, así que le llamé a mi doctor. Mientras esperaba la llamada de vuelta, también llamé al trabajo para informarles que no iría ese día. Colgué el teléfono apresuradamente para no perderme la llamada del doctor. Estaba sola en la casa e hice todo lo posible por mantenerme en calma.

Pronto sonó el teléfono y yo hablé con mi ginecólogo. Me dijo que me mantuviera en cama ese día y que fuera a verlo si empeoraba. Me aseguró que no era inusual y que, aunque pudiera llegar a ser un aborto, no era el caso más probable. En cualquier caso, no había nada por hacer en ese momento, excepto descansar.

Me senté ante la mesa de la cocina, con gran concentración en cada palabra que él me decía, mi corazón latiendo fuertemente

70

mientras intentaba no llorar. La casa era fría y me senté acurrucada en una manta con el cable del teléfono estirado desde su parte fija, del otro lado de la habitación, hasta donde yo estaba sentada, frente a la pared. Después de que el doctor colgó, permanecí encorvada sobre mi silla, con la espalda dando hacia la habitación, meciendo el teléfono entre mis manos. Estaba llorando silenciosamente y rezando una oración, pidiendo que mi bebé estuviera protegido y que se le permitiera seguir creciendo dentro de mí, cuando de pronto noté un sonido de algo arrastrándose desde la puerta trasera.

Se movió muy, muy rápido y se detuvo atrás de mí; alguien estaba de pie detrás mío. Hice un movimiento para girarme, pero unas manos se pusieron sobre mis hombros y me detuvieron. Mi nombre fue pronunciado suavemente, y se me pidió que no me volteara.

Después, como siempre, las palabras: «Ya es hora».

Lo siguiente que supe es que estaba despertando, pero ya no estaba en la cocina. Estaba acostada acurrucada sobre una cama en algún lado. Me empujé con ambos brazos y miré a mi alrededor. Mi cabeza estaba nublada y yo estaba desorientada. No pude identificar en dónde estaba, pero noté que la luz de la habitación era cada vez más tenue. Había una ventana a mi derecha y miré afuera hacia el cielo oscureciéndose, intentando encontrar sentido. Sabía que ya no era de mañana, eso estaba claro por el aspecto del cielo.

Lentamente, comenzaba a darme cuenta de que estaba en nuestra habitación, pero estaba desorientada porque estaba en el otro sentido sobre la cama. Mi cabeza estaba en la esquina inferior derecha y mis pies arriba hacia la cabecera. Mis pensamientos eran pesados y yo me sentía como si saliera de un estado inducido por drogas.

Entonces vi a mi marido tirado en el suelo junto a la puerta que conducía hacia la habitación. Me sobresaltó ya que parecía como si hubiera caminado para entrar a la habitación y hubiera simplemente caído. No estaba en una pose natural, pero antes de que pudiera contemplarlo más, algo llamó mi atención en el espejo que colgaba sobre el tocador.

Había una mujer reflejada en el espejo. Miré un momento para asegurarme que estaba realmente viendo esa imagen, y luego me giré para verla directamente. Era la misma señora de la abducción al borde de la carretera, pero claro, en ese entonces yo no lo sabía, ya que ese recuerdo estaba aún enterrado y así seguiría por otros diecisiete años más. Ella vestía una prenda color claro que llegaba por debajo de sus rodillas, pero sus pies no eran visibles. Simplemente se desvanecía justo encima de sus tobillos.

Años después, le contaría a mi hija la historia de cómo un ángel que parecía una mujer nativo americana enfermiza, vino a mí en la primera etapa de mi embarazo y proclamó que todo estuviera bien.

Sus palabras exactas fueron: —No te preocupes. No perderás al bebé. Es importante que ella nazca.

Después se desvaneció por completo. Nunca olvidé ese incidente. Realmente pensé que era una visión angelical, a pesar de que el ángel no era exactamente lo que hubiera conjurado en mi mente como un ejemplo del mensajero ideal de Dios.

Amé compartir esa historia con mi hija ya que pensaba que era el ejemplo perfecto de cómo estamos siendo cuidados por nuestro Padre Celestial. Claro, todo eso terminó cuando me sometí a la sesión de hipnosis en Chicago e hice la conexión. Ese no era un ángel, era un extraterrestre.

Eventualmente, le conté a Don sobre este incidente. Estábamos intentando decidir cuál de mis recuerdos de abducción deberíamos explorar después, y éste parecía una buena opción. Tenía recuerdos conscientes que dirigían hacia el evento, y también de después. Definitivamente tenía tiempo perdido, ¡había perdido más de ocho horas! Y había testigos que me habían escuchado contar la historia completa de ese día y mi encuentro con el ángel nativo americano.

Después del incidente en la casa de granja de piedra, nos mudamos de nuevo. Como antes, no podía tolerar más el estar en esa casa. Mi ansiedad y miedo surgían todas y cada una de las veces que tenía que entrar en ella, y no podía soportar estar ahí sola. Esta vez fuimos a una habitación de un motel. Yo había terminado con todas nuestras opciones de departamentos en el área, y esto fue lo mejor que se nos ocurrió en un corto tiempo.

El incidente del motel

Siempre había recordado una noche particular cuando me sentía muy contenta ya que realmente me gustaba vivir en una simple habitación, se sentía segura. ¡Lo mejor de todo era que tenía una tina en la que me podía bañar! Era tarde-noche cuando llené la tina con agua y cuidadosamente me sumergí en su calidez. Siempre había batallado con ser friolenta y raramente me sentía cómoda, incluso en verano. Dejé que la cálida agua me cubriera como una manta. Permanecí recostada así por algunos minutos antes de que mis ojos se posaran en mi vientre. Apenas comenzaba a notarse, y mis manos frotaban protectoramente mi pequeño bulto, mientras pensaba en lo maravilloso que era tener una vida creciendo dentro de mí.

Entonces noté algunas marcas rojas. Miré más de cerca y vi que había ocho marcas de agujas formando un círculo en mi estómago. Las vi fijamente, incrédula. Podía escuchar la sangre latiendo en mis oídos mientras permanecía sentada sin moverme, intentando comprender. A pesar de que estaba sentada en agua caliente, me enfrié de miedo. Luego me volví histérica.

Mi llanto hizo eco en las pequeñas paredes del baño. Los maldije. Arremetí contra ellos, todo el tiempo sin saber «quiénes» eran contra los que dirigía mi ira, pero, de alguna manera, en algún lado, en los recovecos más profundos de mi mente, lo sabía. Lo sabía. Luché contra la idea de llamar a mi doctor a la mañana siguiente. Sabía que debía, pero no estaba segura de si esto era algo que él pudiera explicar, y yo estaba terriblemente asustada.

Escondiéndome de la realidad

Al mirar atrás, veo claramente que intenté esconderme de la realidad de las marcas que había visto en mi panza, ya que las implicaciones eran demasiado inquietantes para que yo las enfrentara. Simplemente no podía lidiar con eso. La idea de que algún daño pudiera llegar a mi bebé era más de lo que estaba dispuesta a aceptar. Así que, mientras pensaba una y otra vez qué hacer, el asunto se resolvió por sí mismo, el círculo de marcas rojas de agujas se había ido a última hora de la mañana del día siguiente.

Hice lo mejor que pude por convencerme de que en realidad no había visto nada, que solo había sido mi imaginación. Realmente necesitaba que eso no fuera verdad, pero nunca podría mentirme a mí misma tan bien, y nunca podría atreverme a contarle a nadie sobre ello. Mi miedo era que, si pronunciaba en voz alta las palabras, las convertiría en realidad. Mejor no hablar nunca de ello. Me aferré a las palabras de mi «ángel indio» con todas mis fuerzas y recé por que sus garantías fueran verdaderas. Y, mientras tanto, maldije a los demonios que harían tal cosa a mi bebé.

Nunca hice la conexión entre las marcas de agujas y lo que sucedió previamente en la casa de piedra en la granja. Todos esos años y yo nunca, ni una sola vez, conecté ambos eventos ni lo cuestioné. Eso fue, hasta que me sometí a hipnosis y reconocí a la presente dama durante la abducción a orillas de la carretera como la misma mujer que había estado de pie en la esquina de mi habitación.

Ahora he llegado a comprender que ella está casi siempre presente durante mis experiencias de abducción. Así es cuán extraño es este fenómeno. Siempre la he pasado mal con la forma en que ellos eran capaces de bloquear mi nivel de consciencia. Es decir, hubiera sido «normal» para una persona el ver algunas de esas experiencias, ya fueran tiempo perdido o recuerdos parciales, y obsesionarse con intentar conectar los puntos o darles sentido. Pero eso no sucede con la experiencia de abducción. No te das cuenta de los altos niveles de rareza y, si lo haces, es efímero. Se desvanece de tus pensamientos más rápido que un posible encuentro con un conocido en la tienda de abarrotes.

Cuando Don y yo discutimos qué recuerdo de abducción queríamos que fuera el siguiente en ser explorado, fue una decisión fácil para mí, porque quería entender exactamente qué había pasado. Había muchas anomalías que sucedieron durante mi embarazo, y yo quería respuestas.

Mi hermosa y dulce hija nació unas tres semanas antes de su fecha, cuando me intoxiqué y el parto fue inducido. Se convirtió en una cesárea de emergencia cuando las cosas se tornaron peligrosas, pero al final todo salió perfecto.

Ella tenía diecisiete años cuando yo hice el viaje a Chicago para someterme a hipnosis, en un esfuerzo por entender qué rol, si es que había alguno, habían tenido los grises en la formación de su vida. Ella no estaba al tanto de esos eventos, ya que yo nunca había compartido ninguna de estas historias con ella, aparte de la del «ángel indio». Yo intentaba mantener a mis hijas protegidas de los eventos surreales que estaban ocurriendo en la vida de su madre, pero resultó que eso no era algo fácil de lograr.

Cuando llegues al final de tu cuerda, ata un nudo y aguanta.
Franklin D. Roosevelt

CAPÍTULO 6:
Luces azules y hematomas

Incidentes en aumento

La claridad continua de mis experiencias de abducción, junto con el reconocimiento eventual de que algo surreal estaba sucediendo, a pesar de que yo luchaba por aceptar los recuerdos, eran casi más de lo que podía aguantar. Estaba causando grandes estragos en mi matrimonio, mis relaciones con mi familia, mis hijas y mi trabajo. Yo me sentía totalmente sola y extremadamente vulnerable. Estaba llegando a mi límite, pero sabía que debía mantenerme fuerte por el bien de mis hijas. Poco sabía yo que el viaje apenas comenzaba, y los límites a los que sería presionada no estaban siquiera en el horizonte.

La noche de la luz azul—junio 1988

Era una cálida noche de viernes en junio de 1988, cuando un incidente ocurrió y, eventualmente, llegamos a referirnos a él como «la noche de la luz azul». Mis dos hijas tenían a alguien pasando la noche con ellas en la casa. Yo había estado animándolas a quedarse con amigas o hacer que sus amigas se quedaran el mayor tiempo posible, para aumentar otra capa de protección para ellas. Tom solía trabajar hasta tarde los viernes por la noche, pero ese día había dejado temprano el trabajo para ir a casa. Yo había comenzado a tener ese sentimiento de ansiedad de «ya vienen», más temprano esa tarde, y le había llamado para pedirle que por favor regresara a casa lo antes posible.

Eran alrededor de las 2:30 de la mañana cuando me desperté con el olor a azufre, como si alguien hubiera encendido un fósforo. Yo estaba en un sueño muy profundo, y había tenido dificultad para salir de él. Me senté sobre la cama y olfateé el aire. Parecía desvanecerse, así que me recosté. Una vez más, era muy fuerte, así que volví a sentarme, esto fue difícil porque literalmente me sentía drogada. Hice eso tres veces antes de finalmente convencerme que necesitaba levantarme, ¡ya que la casa podría estar incendiándose! Tom estaba durmiendo profundamente.

Escuché a nuestro perro comenzando a aullar en el campo. Era mitad ladrido, mitad gemido, que nunca antes le había escuchado, y era bastante perturbador.

Recuerdo haber pensado: «Pobre criatura. Es como si supiera que tiene que ladrar para protegernos, pero claramente está muerto de miedo por algo».

Después, escuché sonidos de alguien corriendo desde abajo, así que salté fuera de la cama y fui a investigar. Mientras cruzaba mi habitación hacia el balcón que daba a la sala de estar, me percaté de una luz azul brillando a través de los tragaluces y la ventana de la habitación oeste. Era escalofriante. Parecía estar pulsando. Bajé las escaleras y escuché ruido desde la habitación de mi hija menor.

Tanto mis hijas como sus amigas estaban fuera de sus camas y mirando a través de las persianas de las ventanas. Todas estaban hablando al mismo tiempo, y estaba claro que estaban asustadas. Me dijeron que alguien había estado brillando con una luz azul en la ventana y que les había estado llamando.

Ellas le habían escuchado decir en una voz cantarina: —Hola... hola.

Les pedí que apagaran todas las luces de la casa y las dejé para ir afuera e investigar. Estaba segura de que algún amigo de mis hijas estaba jugando una broma, una broma muy cruel. A medida que salí por la puerta principal, una carga eléctrica me atravesó y envolvió la casa. El timbre hizo un zumbido curioso y parecía estarse extinguiendo. Las cuatro chicas llegaron corriendo desde la habitación a medida que yo giraba y saltaba de vuelta al vestíbulo. Comencé a subir las escaleras para ir por Tom justo cuando él salió de la habitación y corrió escaleras abajo. Le contamos lo que había pasado y él se apresuró a salir por la puerta principal y revisar alrededor de la casa, buscando a quien pudiera estar ahí.

Al no encontrar nada, tomó nuestro auto y condujo por la carretera, una y otra vez, intentando averiguar si algunos bromistas habían dejado su coche estacionado por la calle o si había chicos corriendo desde nuestra casa. Una vez más, no encontró nada. Y eso fue todo, excepto que nuestro perro desapareció por unos días. Pobre criatura, debe haber estado aterrorizado y decidió huir.

Años más tarde, cuando le pregunté a mi hija mayor qué era lo que recordaba de esa noche, ella me dijo que cuando escucharon a alguien llamándoles, se imaginaron que sería algún amigo, pero cuando miraron afuera hacia el campo, vieron a un hombrecito, con brazos extrañamente largos, de pie como si mantuviera la posición de firmes, y estaba pronunciando su nombre.

También recordó que yo me había asomado por el balcón superior y, con una mirada extraña en mi rostro, había anunciado: «están aquí», antes de girarme y regresar a mi habitación.

También hubo otras discrepancias, algo que aprendí desde entonces que es típico de estos encuentros, como el estado altamente emocional en que estás, el cual ilumina tu percepción. Además, los grises usan pantallas y técnicas de bloqueo para mantenerte protegido.

A la mañana siguiente del incidente de la «luz azul», mi hija menor y su prima llegaron corriendo desde afuera y me pidieron que fuera a ver algo con ellas. Más allá de nuestro pasto podado, en donde la hierba se dejaba crecer alto, había un área circular en donde las plantas habían sido aplanadas en un patrón en forma de remolino. Tenía solo unos tres metros y medio de diámetro, pero yo supe instantáneamente lo que era. Era el lado oeste de la casa, la dirección desde la cual había venido la luz azul la noche anterior. Era más que evidencia física de que, lo que estaba sucediendo, no estaba siendo solamente creado en mi mente. Estas eran experiencias físicas reales, «totalmente verdaderas», como si necesitara más pruebas.

Mi hija y su prima querían saber si era ahí en donde un ovni había aterrizado. Yo les dije: —No, me parece como si algo de lluvia hubiera caído ahí y creó un área de remolino natural.

—Yo creo que es donde ellos aterrizaron. Igual que antes. Recuerda cuando nos mostraste a Amy y a mí en dónde aterrizaron, se veía justo como esto —contestó mi hija.

Descubrimiento del dibujo de mis hijas

Todos mis instintos maternales surgieron a la superficie y yo repetí mi explicación anterior, pero ella no quería saber nada de eso. Yo miré profundamente sus ojos cafés mientras ella explicaba fervientemente cómo yo las había llevado a ella y a su hermana a ese mismo sitio, hacía pocos años, y les había mostrado el lugar en donde había aterrizado un ovni. Ella continuó diciendo que, de hecho, yo las había sentado ante la mesa de la cocina y les había hecho dibujar cómo creían que podría verse un platillo volador, ¡y también sus ocupantes! Me quedé estupefacta.

«¿Por qué estaba mi hija diciendo esas cosas?» Su prima estaba escuchando todo eso con los ojos abiertos como platos, pero no decía nada. Yo estaba desconcertada.

Luego, mi dulce hija dijo: —Tú no querías que nosotras nos asustáramos cuando los viéramos, ¿recuerdas?

—Yo, sin duda, no lo recordaba. Y eso no sonaba como algo que yo haría, no al menos estando en mi sano juicio—.

Pusiste el dibujo dentro de tu baúl, para tenerlo como prueba.

«¡Santo Dios! Esto seguía volviéndose más y más extraño».

—Ah, bien, vayamos a echar un vistazo —le dije.

Y las tres caminamos hacia la casa para ir a ver la evidencia que yo sabía no estaría ahí. Excepto que sí estaba. Era un pedazo de hoja rayada de cuaderno, al que le había escrito la fecha y lo había guardado. En él estaba el dibujo infantil de un extraterrestre y naves espaciales.

Mi hija volvió a hablar, diciendo: —Acuérdate, tú dijiste que no tuviéramos miedo si los veíamos. Dijiste que no nos harían daño, pero que podrían verse atemorizantes porque no se parecen a nosotros.

Mi hija casi tenía trece años de edad. Así que eso significaba que ella tendría unos once años y su hermana casi catorce, cuando las hice dibujar eso, ya que estaba fechado en junio de 1986, un año entero antes de que todo ese asunto comenzara. No podía creerlo. Si no hubiera visto ese trozo de papel por mí misma, nunca hubiera creído que yo haría semejante cosa. ¡A mis propias hijas! Ahora entiendo que, una vez más, fui programada para hacerlo, pero es atemorizante ver que esas cosas sucedían sin mi consentimiento o aprobación. Una cosa era que me viera involucrada sólo yo, pero esas eran mis hijas. Dos niñas inocentes. Eso era enfermizo.

Supongo que un argumento podría ser que eso se hizo con el objetivo de mitigar el trauma si fueran testigos de mis encuentros, pero aun así me enfurecía muchísimo. Brotó en mí un miedo por mis hijas, y el enojo hacia esos intrusos estaba aumentando una vez más. Eso me dejó pensando. «¿Qué más había sucedido en mi vida que yo no recordaba? ¿Cuántas piezas faltantes había ahí? ¿Sería que todos tenían este tipo de cosas sucediendo en sus vidas, pero yo, de alguna manera, me las había arreglado para abrirle la puerta a eso?»

Y luego, otra vez, el pensamiento final, «debo estar completamente loca».

Después de este último episodio, las últimas piezas rotas de mi vida parecían convertirse en polvo entre mis dedos. La evidencia abrumadora era que eso realmente estaba sucediendo y había sucedido mi vida entera. Era un hecho difícil de aceptar. La idea estaba reproduciéndose constantemente por mis pensamientos, a medida que yo iba de intentar pretender que nada pasaba, a examinar cada pizca de evidencia para intentar comprender de qué se trataba todo eso. Era agotador. Había intentado mantenerme aferrada con todas mis fuerzas a alguna forma de normalidad en mi vida, pero ahora se sentía como si hubiera resbalado por completo hacia otra dimensión. Esto es un extracto del diario que mantenía en esa época:

«Sigo desconcertada por todo lo que ha sucedido y continúa sucediendo. Quiero respuestas concretas, pero me doy cuenta de que probablemente nunca las tendré. Y a veces eso hace que entre en pánico. No comprendo. ¿Es esto real? Simplemente no sé qué hacer con todo esto. Sé, o al menos creo saber, que algunas cosas son ciertas, físicamente reales. Pero, ¿acaso no cree la gente loca en sus realidades? Estoy tan confundida, y me enoja porque yo solo quiero entender».

Un beneficio de experimentar estos encuentros

Como quiera, fui capaz de encontrar una ventaja ante estos encuentros, bueno, eventualmente encontré algunas, pero uno de los aspectos más positivos de los que me di cuenta desde el principio fue el bono adicional que viene de haber sido sujeto a las vibraciones más altas por periodos de tiempo prolongados. Yo era madre de una adolescente enérgica, y se volvió útil en ocasiones el ser capaz de utilizar algunos de los dones que se me brindaron por esa exposición. En más de una ocasión pude ser capaz de dirigir mis pensamientos hacia mi hija para poder «ver cómo estaba» y asegurarme de que todo iba bien. Hubo una noche en que yo tenía la sensación de que ella no estaba en donde me había dicho que estaría. Sentía con toda certeza que ella estaba con un chico que en realidad no era muy de mi agrado en ese entonces. Había sucedido un incidente en donde él la había dejado en el porche delantero en tal condición que a ninguna madre le gustaría encontrar a su hija, así que le prohibí pasar tiempo con ese jovencito.

Esa tarde fue muy sencillo para mí el «empujar» mi consciencia hacia afuera para buscar a mi hija. Tenía un profundo presentimiento, y solamente necesitaba saber que ella estaba a salvo. Me senté en mi habitación en la orilla de mi cama mientras me dirigía a mí misma fuera de mi cuerpo, y me moví rápidamente a través del valle hacia la ubicación de mi hija. Fue tan simple como pensarlo. Sucedió bastante fácil y espontáneamente.

En poco tiempo, mi consciencia estaba colgando sobre algunos árboles y observando lo que parecía ser una casa de tres niveles, con un par de autos estacionados afuera. Recuerdo al perro de la familia ladrándome. Encontré interesante que él fuera capaz de sentirme o ver mi energía estando ahí, mientras me movía más hacia la casa. Se sentía como si estuviera mirando por una ventana, sólo que no lo hacía.

Estaba ahí en la habitación, observando a mi hija quien estaba tendida en el suelo frente a la televisión. Otra pareja estaba sobre el sofá. Tomé nota sobre el patrón en la alfombra y el color del sofá; por alguna razón, eso me llamó la atención y lo mantuve conmigo. Escuché al joven, el mismo joven al que le había prohibido a mi hija ver, hablándole desde otra habitación. Luego, él caminó hacia donde estaba ella y le tendió un plato con un sándwich de queso fundido. Todo parecía bastante inofensivo, así que me marché, pero volví en mi cuerpo para recoger a mi hija.

Más tarde, cuando me preguntó cómo supe que ella estaba ahí, le platiqué mi experiencia y ésta fue bastante convincente ya que le

82

describí la habitación a detalle y las palabras que había escuchado. Después de eso, mi hija tendía a obedecer mis órdenes con más cuidado. Así que no todo lo asociado con los grises pudiera ser categorizado como doloroso o atemorizante. Había sin duda aspectos positivos.

Un incidente que no fue sueño

Una semana o dos después del incidente de la noche de la luz azul, tuve una experiencia sumamente extraña. Soñé que estaba teniendo un sueño. Sólo que sabía que no era un sueño. Me «desperté» durante una abducción. Cinco de los pequeños chicos trabajadores estaban cargándome a través del pasto crecido detrás de nuestra casa. Yo estaba suplicándoles una y otra vez que me bajaran. Sus manos estaban por todo mi cuerpo, y lo odiaba. La noche era fría y húmeda. El pasto húmedo daba contra mi espalda, y yo estaba enfriándome.

Luego pareció como si estuviera despertando de un sueño, y yo recuerdo haber pensado: «Oh que bien, sólo fue un sueño».

Pero ellos estaban aún ahí, solo que ahora estábamos en la habitación y ellos me estaban colocando de vuelta sobre mi cama. De nuevo, sus manos por todo mi cuerpo, manipulándome. Era un sentimiento de gran impotencia. Lo odiaba. Semejante intrusión, tan denigrante e invasiva. Yo era incapaz de hacer algo; estaba indefensa.

Otra vez, desperté de mi sueño. Esta vez, ellos ya se habían ido y yo estaba, claro está, en mi cama. Consideré ese recuerdo y lo sopesé un poco más. Claramente, ellos te ponían en un estado de consciencia alterado, bastante similar a un sueño; pero, en efecto, en esa ocasión yo pude salir de él un par de veces. Y se sentía como despertar de un sueño, solo que, sin dudas, «no» era un sueño. Esto era real. Lo supe todo el tiempo, y tenía un recuerdo total de ello a la mañana siguiente. Fue una experiencia muy perturbadora.

Visitas de un helicóptero negro

La mayoría de mis experiencias de abducción se llevaron a cabo durante el día, al menos esos encuentros eran sobre los cuales yo tenía los recuerdos más claros, pero, ciertamente, tenía mi porción de encuentros nocturnos. Si todo lo que hubiera tenido en el curso de mi vida, fueran abducciones nocturnas, hubiera sido mucho más fácil para mí ignorar todo esto, tal como si no fueran más que sueños, parálisis nocturnas o alucinaciones de algún tipo, pero, debido a que muchos de mis encuentros sucedieron durante el día, tenía recuerdos tan claros y, en algunos casos, testigos, así que no fue tan fácil de ignorar. Esta experiencia nocturna fue rara, pero no pude pasarla por un sueño. No en vista de todo lo que había sucedido en mi vida durante ese periodo de tiempo. Todos los demás componentes estaban ahí para indicar que eso era una experiencia física real.

También fue poco después del incidente de la «noche de la luz azul», que yo comencé a notar los helicópteros negros alrededor de mi casa. Eso ocurría incesantemente. Por semanas y semanas ellos zumbaban sobre mi casa, algunas veces flotando justo sobre mi tejado. Usualmente era solo uno, pero en algunas ocasiones hubo hasta tres. A menudo me preguntaba cuáles eran los pensamientos de mis vecinos acerca de eso, ya que no había forma de no notarlos. Disminuyó después de pocos meses, pero no se terminó por completo hasta que los encuentros con los extraterrestres se detuvieron. Hablé con Don acerca de eso y después supe que era probablemente nuestro ejército vigilándonos a mis visitantes y a mí.

Lista para la tercera sesión de hipnosis—otoño 1988

Como un medio para afrontar e intentar comprender lo que me estaba hipnosis con el señor Mitchell. Hicimos otro viaje a Chicago a finales de otoño de 1988. Ya se había decidido que era el episodio del «ángel indio», sobre el cual nos concentraríamos, ya que yo tenía una buena cantidad de recuerdos conscientes de los eventos que condujeron a él, tal como del periodo posterior. Todos quienes eran cercanos a mí habían escuchado la historia, así como mi desconcierto de lo que realmente había sucedido ese día. Yo estaba temerosa sobre lo que yo podría aprender de esta regresión, ya que no solo me involucraba a mí, sino también a mi preciosa bebé. A pesar de que sabía que todo estaba yendo bien con ella, aun así, era molesto pensar que unos aliens habían participado, de algún modo, en su concepción, y quizá habían estado presentes durante el plazo de mi embarazo. Para entonces, mi esposo se había alejado bastante de nuestro matrimonio. Sé que él estaba cuestionando mi salud y se sentía temeroso sobre las cosas que habían comenzado a ocurrir en nuestra casa. Realmente creo que él trató lo mejor que pudo de estar ahí para mí; es solo que no tenía nada en qué basarse. Él estaba en posición de retirarse, y supongo que realmente no lo podía culpar por eso. Ciertamente, ¡yo misma me hubiera escondido de eso si hubiera podido!

Tom había experimentado su propio encuentro con un platillo volador una noche cuando él estaba conduciendo un camión en los primeros años de nuestro matrimonio. Eso tuvo un gran impacto sobre él y lo había dejado nervioso. No le gustaba hablar sobre eso. Y, claro está, hubo ese episodio que compartió con nuestra hija menor, de ver el platillo volador sobre nuestra casa, la misma noche que yo había visto el gran globo blanco con luces anaranjadas durante la oleada ovni. Aun así, yo creo que en su mente encontró la manera de racionalizarlo, minimizarlo, y, de alguna manera, volverlo todo correcto al convencerse a sí mismo que era yo quien estaba loca.

Incidente en el restaurante con Tom

Hubo un día en que fuimos a comer juntos, y yo la estaba pasando muy mal. Realmente no sentía poder continuar más. No me sentía equipada para poder lidiar con la intrusión de estos seres en nuestra casa. Todo estaba tan fuera de control y confuso para mí. Nada hacía sentido ya, y el mero terror ante ello me estaba agotando. Había intentado con tantas fuerzas encontrar una forma de desestimar todo este asunto de ovnis, pero con las cosas sucediendo en nuestra casa, se tornó más difícil para mí posicionarlo en los recuerdos desterrados o erróneos, mientras estaba bajo hipnosis.

Las marcas estaban justo ahí en mi cuerpo y toda la evidencia creciente era difícil de ignorar. Yo me sentía como si hubiera sido golpeada hasta rendirme, de alguna manera forzada a creer lo increíble. Durante la comida, comencé a desahogarme y expresarle mis miedos y preocupaciones a mi esposo, pero él me veía con ojos vacíos, y yo sabía que él no quería escuchar nada más de estas locuras. Me enojé. Necesitaba que alguien comprendiera la tensión y el estrés que yo estaba sintiendo. Por Dios, mis recuerdos señalaban que yo había estado con aliens la noche anterior. ¿Qué se supone que haga una persona con ese tipo de información? ¿Realmente se esperaba que yo simplemente me sentara ahí a hablar sobre el clima?

De pronto, dejé de hablar. Lo miré intensamente por un momento y luego dije suavemente: —Arremángate.

El miedo se registró inmediatamente en sus ojos. De alguna manera él sabía a dónde iba yo con eso. Él permaneció inmóvil.

De nuevo, le dije en voz baja: —¡Arremanga tu camisa!

Esta vez él lo hizo. Yo lo alcancé y giré sus palmas hacia arriba y ahí, en sus antebrazos, había hematomas de dedos. Las marcas que dejaban los alienígenas cuando te jalaban por los brazos, estando ya sea inconsciente o luchando contra ellos. Una cosa era verlas sobre mí, pero otra completamente diferente era verlas sobre su propio cuerpo.

Eso era lo que yo quería. Quería que alguien más supiera que era real. No una historia. No imaginación. Podía ver a mi esposo temblando hasta la médula, pero él, lenta y deliberadamente bajó sus mangas, se puso de pie y calmadamente se marchó del restaurante. Nunca hablamos de ello. Él simplemente se alejó aún más.

Realmente no entiendo cómo es que yo sabía que esos moretones de dedos estarían ahí en sus antebrazos. De nuevo, es una parte del alto nivel de rareza que rodea este tema. ¿Acaso sabía yo eso porque, en los recovecos oscuros y profundos de mi mente, tenía un recuerdo de él siendo jalado fuera de nuestra cama por ellos? ¿Los moretones aparecieron porque «ellos» los pusieron ahí en un esfuerzo por apoyarme? ¿Los había manifestado yo de alguna forma? Puede que nunca lo sepa, pero, mientras pasa el tiempo, parece que mis preguntas sí que se resuelven, así que creo que es probable asumir que esto también será explicado, eventualmente.

Decidimos ir a Chicago la noche anterior a la regresión. Estaba frío y nevaba a medida que buscábamos una habitación de hotel que estuviera a una corta distancia de la oficina de CUFOS. Pensamos que sería bueno para nosotros el alejarnos y tener un poco de tiempo por nuestra cuenta. Habíamos dejado a nuestras hijas con sus amigas y estábamos decididos a sacar lo mejor de esta pequeña escapada. Pero la tensión y el estrés de los pasados meses nos había cobrado factura, y nos sentíamos como extraños. Nos registramos en la habitación, tuvimos una cena ligera y regresamos temprano.

Episodio de los hombres de negro (MIB)

Si hubiera sabido lo que me esperaba, yo nunca me hubiera acercado a cien kilómetros de esa habitación de hotel. Mis recuerdos de esa noche están profundamente enterrados, y es ahí en donde quiero mantenerlos. Tengo destellos débiles de tres hombres corpulentos viniendo hacia la habitación. Son grandes y fornidos, vestidos con trajes oscuros, pasados de moda, con chalecos, sombreros y pantalones anchos.

Apalearon mi alma. Esa es la única forma en que sé describirlo. Antes de este incidente, yo nunca había escuchado del fenómeno conocido como los «hombres de negro (Men in Black) MIB». Es uno de los aspectos más bizarros en el escenario de las abducciones extraterrestres. Cómo es que encajan en el programa, no tengo idea, pero ciertamente parecían tener un gran interés sobre lo que estaba sucediendo conmigo.

Me programaron para darle un mensaje a Don Schmitt, y eso era todo lo que se mantenía saliendo de mi boca a la mañana siguiente, como una cinta reproduciéndose una y otra vez. Yo escuchaba las palabras que estaba pronunciando, sabiendo que no eran mías. Incluso mi voz sonaba diferente.

Yo estaba física y emocionalmente exhausta. Tom estaba haciendo todo lo posible por evitar salir corriendo de la habitación. Le doy crédito por quedarse ahí conmigo. Era como ver las secuelas de un terrible accidente; difícil de ver, pero aún más difícil apartar la mirada.

Yo era incapaz de comunicar nada más que este «mensaje» que se me había programado. Fue una de las cosas más extrañas que afronté en el transcurso de mis experiencias. Con un gran esfuerzo, fui capaz de decir algo más que ese mensaje, pero sólo fue después de haberlo repetido tres veces. Eventualmente, también fui capaz de levantarme de la cama, pero fue demasiado difícil ya que mi cuerpo se sentía muy pesado e inhibido. Me sentía desorientada, como si hubiera abandonado mi cuerpo y se lo hubiera entregado a otra entidad. A pesar de eso, yo seguía ahí, solo que no tenía el control.

Hasta cierto punto, creo que eso fue exactamente lo que sucedió, pero cómo fue posible, no puedo explicarlo. Ellos no me lastimaron físicamente, a pesar de que no me veía como yo misma. Me veía como una «versión» mía. Mi esposo estaba alarmado y yo continuaba viéndome al espejo para encontrarme en esos ojos, en algún lado. «Yo» estaba acurrucada en algún rincón dentro de mí, escondiéndome de los monstruos que habían entrado a nuestra habitación y me habían amenazado.

El mensaje para Don era cruel. Básicamente, decía que ya no permitirían que tuviera otra regresión para recuperar recuerdos, y que Don no tenía ni idea de con qué se estaba metiendo. Habían estado estudiando a mi familia por generaciones y no se les permitiría a las aspiraciones de un investigador ovni de poca monta, interferir con su trabajo. Había demasiado en juego. Yo entregué el mensaje, pero fui capaz de censurar algunos de los comentarios desagradables y altaneros dirigidos personalmente hacia Don.

Y, en efecto, cuando Stanley Mitchell intentó llevarme de vuelta a los recuerdos suprimidos alrededor del incidente del «ángel indio», me volví casi histérica. No había forma en que yo fuera a recuperar esos recuerdos. Todo lo que obtuve fue un mensaje: «ellos mejoraron ciertas características del ADN de mi hija».

Eso me molestó en gran medida, y cuando protesté diciendo que ellos no tenían ningún derecho de manipular a mi hija, se me dijo firmemente: «No manipulamos. Mejoramos ciertas características».

Más tarde cuando reflexioné sobre lo que había sido el mensaje de los MIB, me ocasionó una gran cantidad de angustia. Ellos dijeron que mi familia había sido estudiada por generaciones.

«¿Qué significaba eso? ¿Habían estado interfiriendo con mis ancestros? ¿Y cuáles eran las implicaciones para mis hijas y sus hijos?»

La necesidad de saber si estos seres eran malintencionados, de pronto tuvo un nuevo significado y urgencia. No tuve que pensar mucho ni arduamente para recordar algunos de los incidentes de mi niñez que parecían confirmar lo que habían dicho.

Avistamientos ovnis de mi mamá
Finales de los años cincuenta

Recuerdo un día entre mediados y finales de la década de 1950, cuando entré a la casa para encontrar a mi mamá de pie ante la ventana de la cocina, mirando intencionalmente a través del valle, hacia las colinas más lejanas. Yo le pedí algo, no recuerdo qué, pero ella no se giró de la ventana para contestarme.

Ella siguió observando allá afuera, como si buscara algo. Contestó de forma vaga y sacudió su mano hacia mí como queriendo apartarme. Yo me quedé quieta y la miré por un momento, mientras ella alternaba entre sentarse en una silla y levantarse, pero nunca se giró de la ventana ni apartó la mirada de lo que fuera que estaba viendo. Parecía que buscaba porque se inclinaba para ver hacia el oeste y giraba su cabeza hacia arriba para ver el cielo.

Eventualmente, caminé hacia la habitación de junto y me senté, observando en silencio unos libros, hasta que mi padre vino a casa desde el trabajo. No sé si ellos siquiera estaban conscientes de que yo estaba tan cerca, ya que escuché a mi mamá decirle a él, con voz muy excitada, que había visto un platillo volador más temprano ese día, flotando sobre la colina del otro lado de nuestra casa.

Yo no sabía lo que era un platillo volador, pero sí sabía que debía ser algo bastante especial por la forma en que mi mamá estaba hablando sobre ello. Ella usaba un tono de voz que yo nunca le había escuchado, y mi padre estaba haciendo preguntas de forma muy controlada, calmada. Eso me asustó. Algo estaba pasando, y yo lentamente me hice camino de vuelta hacia la cocina.

Cuando ellos me vieron, me alejaron enviándome a mi habitación. Yo caminé lentamente escaleras arriba y me senté a medio camino para poder escuchar lo que ellos decían, pero ahora estaban hablando en susurros. Eso me alarmó aún más.

Esa noche en la cena, pregunté tímidamente qué es un platillo volador, y me dieron una explicación bastante indiferente. Al pasar de los años, mi madre nunca negó haber visto un ovni, y contó cómo uno había flotado sobre las colinas, justo frente a nuestra casa; luego simplemente subió disparado y desapareció.

Primavera de 1966

Ella tuvo otro avistamiento años después. Fue en primavera de 1966. Mi hermano mayor se graduaba de la preparatoria, y estábamos caminando de vuelta a casa desde el bachillerato, cuando de pronto mi madre se detuvo y señaló hacia arriba, por encima de las copas de los árboles.

En una voz bastante excitada, preguntó si alguno de nosotros había visto esa cosa en el aire. —¿Qué es eso? ¿Lo vieron?

Yo miré atenta pero no pude ver nada. Ella estaba bastante agitada y ansiosa sobre lo que estaba observando, mientras golpeaba con su dedo en el aire, señalando. Mi hermano menor estaba caminando con nosotros y él también dijo que lo veía. Lo describieron como un objeto metálico en forma de tubo, con un rayo de luz bajando desde su parte inferior, casi hasta tocar el suelo. Mi madre vio algo deslizándose hacia arriba dentro del rayo de luz. Yo intenté, pero no pude ver nada. Estaba frustrada por eso, pero siendo una adolescente, en realidad no me importaba mucho.

Ellos permanecieron quietos y observaron por unos minutos, hasta que desapareció. Yo nunca supe si voló o simplemente se desvaneció, ya que me rendí y continué caminando hacia la casa. Admito haber dudado de lo que estaban hablando, aunque sabía que mi mamá no diría nunca una mentira. Simplemente creí que ella se equivocaba acerca de lo que suponía estar viendo. Siempre me imaginé que mi hermano estuvo de acuerdo sólo porque sí. Quiero decir, él habría tenido unos trece años, así que, ¿qué sabía él?

Después de una reunión de la Orden de la Estrella de Oriente—1969

Hasta donde yo sé, esos son los dos únicos avistamientos que tuvo mi mamá, excepto que la recuerdo contando la historia sobre conducir a casa en el atardecer desde una reunión de la Orden de la Estrella de Oriente, que se había llevado a cabo en un pueblo vecino. Mientras conducía hacia casa por las vías serpenteantes, comenzó a tornarse brumoso y después vio la cosa más extraña. Un búho estaba quieto junto a la carretera. La recuerdo contando esa historia por lo sorprendida que estaba con todo el asunto. Recuerda haber sido hipnotizada por este búho y sus grandes ojos. También dijo que era blanco, blanco puro, y simplemente estaba ahí quieto, mirándola mientras ella conducía lentamente junto a él.

Yo sospecharía que ella tuvo una experiencia de abducción, ya que la historia terminó con ella totalmente confundida por el hecho de haber perdido un par de horas de su tiempo y no recordaba cómo había podido suceder. Lo racionalizó diciendo que quizá se había perdido en esa niebla y deambuló alrededor por mucho más tiempo del que se había percatado. Este incidente sucedió en algún punto de la década de 1960, pero en realidad no sé cuándo. Mi madre hablaba en ocasiones sobre ello, pero yo nunca le pedí que indicara en qué año sucedió. Simplemente parecía no tener mayor importancia. Era solo una de esas historias que escuchas cuando creces, y se quedó conmigo porque lo repitió unas cuantas veces, y siempre con esa sensación de duda ante el desconcierto que acompaña ese tipo de anormalidades.

Mi nacimiento «imposible»

Hay otra historia que me contó mi madre y que nunca me impactó mucho, pero que ahora comienza a ocasionarme algo de preocupación, pudiendo o no estar relacionada con la actividad ovni. Se centra en mi nacimiento. Aparentemente, mi madre había tenido un aborto aproximadamente doce meses antes de que yo naciera y, debido a eso, ella me dijo que ella nunca supo de dónde vine yo.

A lo que se refería era que, después del aborto, ella se abstuvo de cualquier tipo de actividad sexual y, sin embargo, ella se encontró a sí misma embarazada de mí. Nací la mañana de Navidad de 1950, pero, de acuerdo a mi madre, mi llegada no debía haber sido posible. Ese

91

extraño fenómeno se ha mostrado en mi familia al menos en una ocasión más, que yo sepa, así que no soy la única persona nacida bajo esas extrañas circunstancias. No puedo sacar conclusiones que apunten específicamente a la participación de los grises, sin embargo, en gran medida sospecho que puede haber una conexión.

El hecho de que te digan que tu familia ha sido estudiada por una raza de seres de otro mundo, es una declaración perturbadora, por decir lo menos. El que proviniera de parte de esos monstruos, los MIB, lo hizo para mí un concepto incluso más aterrador por aceptar. Encontré calma relativa ante ello al consolarme con el hecho de que ninguno de nosotros parecemos ser tan extraños o inusuales, bueno, a menos que me crean a mí rara por escribir este libro. Pero mientras continuaba explorando los eventos que habían ocurrido en mi vida y aquellos que estaban sucediendo en ese entonces, sí que encontré piezas sugiriendo que no todo era tan terrible. Es decir, hubo algunas cosas buenas que vinieron de mi interacción con los grises. Después de todo, se me ha dado la oportunidad de aprender de ellos muchas cosas grandiosas, como mínimo las «Tres cosas importantes que saber».

Tu entendimiento no es una contribución importante para la verdad.
Un curso de milagros

CAPÍTULO 7:
Piezas de rompecabezas dispersas

Estigmas de experiencias de abducción

Yo había continuado mi asociación con el pequeño grupo que se reunía una vez por semana, aproximadamente, para meditar. Ellos me estaban ayudando a ver mis experiencias desde una perspectiva totalmente diferente, una sin miedo. Mientras me reunía con ellos, era fácil sentirse seguro y, de cierta forma, protegida; pero cuando te despiertas por la mañana con moretones sobre tus brazos o un patrón en remolino de pasto aplanado en el campo al costado de tu casa, junto con un vago recuerdo de una nave plateada asentada ahí, bueno pues, ese sentimiento de paz se desvanece demasiado rápido. Yo estaba ahora retando a los extraterrestres, desafiándolos a venir de día sin ponerme en un estado alterado.

Estaba aprendiendo a meditar, y eso parecía de alguna manera estar abriendo un canal de comunicación con ellos. Yo no confiaba en ello al principio, y cuestioné su validez durante mucho tiempo, pero sin dudas estaba comenzando a recordar mis encuentros con ellos sin la ayuda de la hipnosis, y también se me estaba avisando de algún modo cuando ellos venían por mí. Parecía que siempre habían sido algo descuidados para «bloquearme» lo suficientemente pronto, ya que yo tenía muchos recuerdos conscientes sobre ellos mostrándose en horarios aleatorios a lo largo de mi vida. Además, estaba ese asunto extraño que hacían en ocasiones, eso es, dar tres golpes fuertes antes de entrar por mí a una habitación. Más tarde aprendí que eso es una peculiaridad común suya. Yo sabía que eso significaba que estaban ahí, pero por alguna razón nunca me asustó; por el contrario, parecía tener un efecto tranquilizante sobre mí.

Llegó una noche en que yo estaba recostada sobre mi cama, intentando dormir, cuando me di cuenta de la presencia de un gris junto a la cama. Abrí mis ojos y ni siquiera me asusté tanto al verlo inclinándose sobre mí. Claramente recuerdo que mi brazo izquierdo estaba debajo de las cobijas, pero el derecho estaba por fuera, y yo lo miré mientras él se estiraba y tocaba mi brazo.

Casi pude decir las palabras junto a él: «Sherry, ya es hora».

Si bien las visitas eran traumatizantes, creo que el estigma asociado con el fenómeno en su totalidad, es aún peor. Me percaté rápidamente de que no es algo que sea fácilmente aceptado por otros, y después de eso me volví muy cautelosa y retraída. Todo se relaciona al «factor de vergüenza» que mencioné antes. Yo no hablaba con mis mejores amigos acerca de lo que me estaba sucediendo, y mi familia se había apartado bastante. Ya no era la misma persona segura de sí misma que había sido antes de que todo esto se mostrara en mi vida. Me sentía un tanto paranoica, y ya no entendía el mundo en el que estaba viviendo.

Más de una persona me dijo que los rumores en el pueblo eran que yo me había vuelto loca. Yo tenía suerte de nunca haber dado mucha importancia a lo que pudieran opinar los demás, así que eso no me afectó mucho, pero estaba preocupada por mis hijas.

Mi padre también parecía estar preocupado por cómo podría ser esto visto por otros en la comunidad. Él me dijo que el presidente del banco local lo había llamado y le pidió que hablara conmigo, que yo necesitaba controlar todo este asunto de ovnis, antes de que arruinara mi negocio. Eso definitivamente puso nervioso a mi padre, pero yo apenas y pensé en ello. En esa etapa, no me importaba mi negocio. Era el último eslabón de mis preocupaciones.

Me deprimí pensando que no era más que el conejillo de indias de alguna otra raza de seres, o un espécimen bajo su estudio.

Probablemente, estaba siendo sobre todo forzada a reconsiderar mi lugar en el mundo y en dónde me encontraba.

«¿En dónde estaba Dios para que algo así pudiera pasar?» Y estaba molesta. Muy molesta. Dirigía esa rabia hacia los aliens, pero también hacia mi familia. En mi mente, ellos me habían decepcionado. Recuerdo haber estado en una reunión familiar mientras los recuerdos y hematomas de una abducción extraterrestre, que había sucedido la noche anterior, aún estaban frescos en mi mente y sobre mi cuerpo. Quería gritarles a todos que vieran, que me escucharan, que entendieran que eso no era mi imaginación corriendo a la par conmigo. Esto era real, estaba sucediendo, y yo necesitaba que ellos se preocuparan.

Mi grupo de meditación se convirtió en mi familia, tal como la dulce Marion del grupo CUFOS. Ella no me juzgó ni se apartó de mí. Algunas veces eso es todo lo que necesitas, solo una persona que te escuche y te acepte.

Orden de compartir experiencias de abducción—finales de la década de 1980

Una de las cosas más inusuales que ocurrieron durante los 18 a 24 meses de actividad intensa que experimenté durante finales de los 80, fue una orden aparentemente de los grises, de contar mis historias de abducción con unas cuantas personas selectas. Se me dio una lista de nombres y se me instruyó que contactara a esas personas y les hablara sobre mis experiencias. Inicialmente, no acepté esto como si viniera de parte de los grises. Era demasiado extraño y no parecía como algo que ellos me pedirían. No me hizo sentido entonces y aún ahora no me hace mucho sentido. Me resistí a esta petición por mucho tiempo, hasta que no pude ignorarlo más.

Permítanme explicar cómo esta petición y su cumplimiento subsecuente fue experimentado por mí. Lo experimenté como algo «forzado». Es decir, no recuerdo que Da ni nadie me dijera verbalmente que hiciera ese trabajo; en su lugar, fue sólo un conocimiento que tuve, junto con una lista clara de nombres. Recuerdo que había unas seis personas designadas. Conocía a todos en la lista. Muchos eran socios comerciales; quiero decir, habían realizado una transacción de bienes raíces conmigo, o trabajaban en un campo compatible con el mío. Había sólo una persona en la lista con la que tenía cierto nivel de confianza para compartirle mi historia. Con el resto, era bastante intimidante para mí el pensar siquiera en compartir con ellos semejante tema tan absurdo.

No puedo decir cuánto me asustó eso. Intenté bastante convencerme a mí misma de que la idea venía de alguna parte dentro de mí y que no era posible que viniera de ellos. Yo lo racionalicé todo el tiempo que pude, pero al final, la «presión» se volvió intolerable. Lo que sucede es que se convierte en algo similar a un pensamiento obsesivo. Estaba interfiriendo con mis actividades del día a día y se hacía cada vez más fuerte. Era como si se me gritara y los recordatorios para hacer eso me estuvieran volviendo loca, o aún más loca.

No crean que yo no me daba cuenta y no me doy cuenta ahora de cuán tonto suena esto. He escuchado sobre el loco que entra a un negocio y dispara a gente al azar porque una voz en su cabeza le dijo que lo hiciera; había creído que era Dios o el diablo, o alguna entidad.

Esa «orden» proveniente de ellos me dio un susto de muerte. Deben encontrar esto difícil de creer, pero en serio, en serio me resistí a hacer eso, no solo porque no quisiera humillarme a mí misma frente a esa gente, más que nada era porque no quería obedecer esa «orden» aparente. Era muy similar a la defensa dada por los locos de remate que masacran gente porque alguna voz se los haya dicho. Me pareció que esta era solo una versión más ligera de la misma condición demente, y quizá así era como todo había comenzado para esas pobres almas. Pero, eventualmente, llegué a entender que cuando mis chicos quieren algo, no se retractan. Y no había forma de que yo me zafara de esa tarea.

Por lo tanto, muy, muy a regañadientes, comencé a organizar reuniones con esas personas para tener esa conversación terriblemente extraña. Comencé, claro está, con la señora con quien me sentía más cómoda. Nos reunimos para almorzar, y yo pienso que ella esperaba que nuestra conversación fuera sobre su propiedad, ya que yo había vendido recientemente su casa. Debo decir que se volvió una conversación bastante interesante, una vez que sobrepuse mi vergüenza inicial de traer a colación semejante tema tabú. Resultó que su hijo era a quien después llegué a reconocer como uno de los niños que eran participantes a bordo de la nave; era un compañero de abducciones. Esta señora y yo nos volvimos muy cercanas y nos dimos apoyo la una a la otra mientras ambas luchábamos por encontrarle el significado y propósito a estas experiencias. Así que esa reunión fue suficientemente positiva para animarme a seguir con el siguiente nombre en la lista.

La siguiente plática fue casi igual de bien. Esta persona había estado lidiando con un asunto delicado que era tremendamente difícil para ella, y vio mi oferta para compartir ese tema tan privado y doloroso como una oportunidad para que ella hablara conmigo y así procesar algunas de sus propias heridas. Eventualmente, nos volvimos amigas cercanas. Estaba comenzando a ver que quizá hubiera un motivo para esta locura. Es decir, parecía haber un propósito superior para toda esta agenda. Supongo que la lección podría haber sido simplemente superarme.

Con el tiempo, hubo solo un nombre remanente en la lista, y era de un asociado comercial a quien yo respetaba tanto que simplemente no me atrevía a pronunciar las palabras con él. Me negué, pero la presión se volvió casi dolorosa. Lo que pasó fue que un día me encontré a mí misma en la compañía de ese hombre, cuando estábamos fuera observando los lindes de un terreno. Él era un topógrafo y hacía prácticamente todo el trabajo que llegaba de mi oficina. Estábamos en su camioneta, yendo de aquí para allá mirando la tierra, y era la oportunidad perfecta para sacar el tema.

Se sentía como si mi cabeza fuera a explotar, mientras «ellos» me presionaban y presionaban para que me abriera y comenzara a hablar. No sé si se notaba, ¡Dios, estoy segura de que debió notarse! Ciertamente, se sentía como si mi cabeza entera se hubiera expandido y él me miraba expectante. Sí, era como si él supiera que yo iba a decir algo, pero me negaba a permitirlo.

Después de ese día, lo dejaron ir. Él fue el único con quien yo no había hablado, pero viví para lamentarlo. Descubrí más tarde que él tenía un gran interés en el tema y que había escuchado las historias sobre mí. Supongo que hubiera estado demasiado abierto para escuchar lo que yo tuviera que decir. Puede incluso que me hubiera brindado algo de paz al ofrecerme su aceptación e interés en el tema, pero mi orgullo me impidió tener esa experiencia. Lección aprendida. Ahora me entristece mucho informar que ese hombre maravilloso falleció de forma bastante inesperada unos años después. No tengo muchas cosas en mi vida por las que desearía poder regresar para cambiar. Simplemente no guardo esa clase de arrepentimientos, pero sí desearía haber sido capaz de superar mi propio ego para poder compartir con él algo de lo que me estaba sucediendo.

De nuevo, no tengo ni idea acerca de qué se trataba todo ese asunto, ¿quizá para hacer que me sintiera un poco más cómoda con las experiencias? ¿Cómoda al hablar de ellas? ¿Quién sabe? Ya no paso tiempo analizando más las cosas; resulta que es una pérdida de tiempo. Acepto que había un propósito. Quizá el beneficio no era para mí, sino para aquellos con quienes hablé. Solo quería incluirlo en esta historia ya que lo encuentro una pieza interesante del rompecabezas.

Tiempo perdido durante el día

Durante este periodo completo de dos años, a medida que estos encuentros sucedían, experimenté tiempo perdido durante el día. Fue aleatorio y muy sutil, es decir, no hubo avistamientos de una nave ni ninguna otra bandera roja. En cambio, el tiempo simplemente se iba.

Recuerdo conducir por una calle principal en nuestro pueblo, justo después del almuerzo. Me dirigía de vuelta hacia mi oficina cuando de pronto estaba en una ubicación completamente diferente, y el sol ya no estaba en su cénit. Eran aproximadamente tres horas más tarde de lo que recién había sido. Yo estaba tan conmocionada, que me orillé en la carretera y me quedé ahí.

Es algo extraño de explicar, pero aun con todo lo que pasaba, con todos los encuentros y recuerdos, aun así, permanecí ahí e intenté descifrar qué demonios acababa de suceder.

En realidad, no pensé: «oh, son ellos de nuevo. Debo haber tenido una abducción».

No, no fue así. Me senté ahí e intenté racionalizarlo para encontrar una explicación. Ni siquiera se me ocurrió por un largo tiempo que lo más probable es que hubiera sido abducida. Sus métodos de bloqueo eran así de buenos.

Confusión general al experimentar una abducción

Intentaré explicar la confusión general que se experimenta, para ponerlos en contexto. Usando mi abducción de la infancia, aquella en la que me llevaron por encima del planeta y me mostraron la Tierra siendo destruida, lo describiría mejor como si fueran piezas de rompecabezas. Colocas todas las piezas del rompecabezas sobre la mesa. La mayoría están boca arriba, así que tienes una pieza colorida de una imagen, pero, ya que no está conectada a nada más, no tiene sentido. Es solamente una pieza de algo, bonita, colorida. Quizá puedes distinguir en esa pieza una flor o parte de una flor, pero para la totalidad, son sandeces.

El recuerdo que tengo de mi incidente de infancia fue dispersado justo de esa manera. Había una pieza en donde recuerdo que se me mostró la Tierra siendo destruida. Nunca olvidé esa escena, pero yo no tenía ni idea de dónde la había visto. Sabía sin duda que no era un sueño. Con el tiempo llegué a pensar sobre ello como una premonición que había tenido, pero también tenía recuerdos de Da de pie detrás de mí y pronunciando suavemente mi nombre, mientras yo observaba el arbusto de grosella espinosa. Yo no sabía que era él, pero sí sabía que había tenido una experiencia en la que alguien había llegado detrás de mí cuando yo estaba ahí, recogiendo bayas en un día de verano muy caluroso. Luego estaba el recuerdo extraño de mi hermano, de pie, inmóvil sobre las rocas de arenisca. Eso se me grabó a fuego en la mente.

Así que esos son tres recuerdos bastante claros, piezas del rompecabezas, pero nunca conecté las tres piezas hasta después de haber tenido la regresión. No encajaban juntas hasta que Stanley Mitchell me dio la sugerencia de dejar la puerta abierta, para que yo pudiera recordar otras remembranzas reprimidas de abducciones. Es algo fascinante, pero siempre fue una fuente de temor, ya que significaba que yo tenía secretos, una vida secreta de la que yo no tenía ningún recuerdo consciente. Eso me pareció un concepto bastante atemorizante.

Abducciones posteriores
Fiesta sorpresa de cumpleaños—finales de la década de 1970

Hubo otro incidente que ocurrió antes de que mis recuerdos de abducciones surgieran a la superficie. Sucedió a finales de los años 70, y creo que es un buen ejemplo de cuán poderosos son sus bloqueos. Había una fiesta para celebrar el cumpleaños de mi cuñado, y la fiesta se iba a llevar a cabo en la casa club de los cazadores con arco. Esta casa club está ubicada justo sobre la colina de la granja donde Vicky creció y a corta distancia de donde sucedió mi abducción a orillas de la carretera en 1968. Estaba lleno, ya que tanto familiares como amigos se reunieron para la festividad. Se nos indicó que estuviéramos ahí a una hora específica, pues era una fiesta sorpresa. Como era típico para nosotros, llegamos tarde, pero aún con bastante tiempo para la celebración.

Tenían una banda en vivo y comida. Realmente había estado esperando mucho esta fiesta, ya que nosotros no teníamos mucha vida social. Quería bailar, comer mucho y, ¡quizá beber mucho! Llegamos justo cuando la banda se estaba preparando, y casi todos ya habían comido, así que asaltamos la mesa de buffet y yo llené un plato hasta rebosar. Encontré un lugar para sentarnos y estaba devorando mi comida mientras veía a la banda calentando, cuando mi cuñada se acercó y me dijo que tenía que salir y ver algo. Me negué. Quería comer y estar preparada para bailar tan pronto como la banda tocara su primera canción.

Entonces ella se inclinó y me susurró: —Creo que hay ovnis allá afuera, necesitas venir a echarle un vistazo.

Bueno, eso me intrigó, recuerdo que esto fue antes de la regresión, antes de que mis recuerdos hubieran comenzado a surgir a la superficie. Así que hice mi plato a un lado, le pedí a Tom que lo vigilara y salí para echar un vistazo. Había más gente ahí afuera, casi todos niños, y estaban mirando hacia el sur a unas luces que bailaban alrededor por el cielo. Era difícil discernir cuántas naves diferentes pudiera haber, ya que las luces continuaban moviéndose. Aparecían hasta cuatro o cinco luces rojas al mismo tiempo, pero se movían y salían disparadas dando vueltas muy rápidamente. No recuerdo haber visto nunca nada similar. Debido a que los extraterrestres son capaces de bloquear todos los encuentros y recuerdos tan bien, no tenía idea en ese entonces de que hubiera yo visto alguna vez ninguna clase de ovni, mucho menos estar dentro de uno.

No estaba segura de qué hacer con eso, estaba ligeramente decepcionada porque quería ver algo más que simples luces, aunque sí eran definitivamente extrañas, no había manera de que pudieran ser aviones. Recuerdo a mi cuñada preguntándome qué creía yo que eran, y, sin quitar mi mirada de las luces danzantes, contesté vagamente que podrían ser ovnis, pero no lo sabía.

Quería volver a la fiesta, a mi comida y al baile que estaba justo comenzando, podía escuchar a la banda iniciando con su primera canción. Me giré para decirle a mi cuñada que iba a entrar, pero ella ya no estaba ahí. Curiosamente, todos los que habían estado parados, observando conmigo las luces, se habían retirado. Yo estaba sola. Y estaba en silencio, no había música. «¿Cómo es que habían desaparecido todos tan rápido?» Miré alrededor buscándolos y grité a mi cuñada llamándola por su nombre.

Luego me di cuenta de que no estaba parada frente al edificio, sino en algún otro lado. No sabía en dónde estaba. Estaba desorientada y confundida por este extraño giro de eventos.

«¿En dónde estaban todos? ¿En dónde estaba yo?»

Trastabillé alrededor, intentando orientarme. Había estado de pie en un claro junto al camino, pero ahora estaba rodeada de árboles. Miré alrededor, busqué algo reconocible y noté que estaba parada sobre pasto alto y hierba, en una ladera boscosa. Alcancé a vislumbrar las luces de la casa club más abajo y me moví en dirección a ellas, hacia un área abierta. Llegué por detrás de un cobertizo y vi que había coches estacionados más abajo.

Presa del pánico, me moví rápidamente hacia los coches y encontré nuestro vehículo. Miré alrededor. Estaba a unos cien metros de donde había estado parada hacía apenas un segundo. Sentí mi corazón comenzando a latir fuertemente en mi pecho, mientras intentaba darle sentido a esto. Desesperada, nuevamente llamé a gritos a mi cuñada y comencé a correr a toda velocidad hacia el edificio iluminado y lo que parecía seguro.

Estaba desaliñada. Estiré mi ropa a manera de alinearla, e intenté alisar mi cabello y ponerme de vuelta en orden. De alguna forma sabía que estaba hecha un desastre. Hice lo mejor que pude por calmarme antes de entrar al edificio. Fui directo hacia mi cuñada y le demandé saber hacia dónde había desaparecido, pero ella me miró como si yo estuviera loca. Yo estaba desorientada y frenética mientras me alejaba rápidamente de ella.

Fui de regreso hacia donde había estado sentada antes de haber sido llamada afuera, pero mi plato de comida no estaba ahí. Todo estaba fuera de lugar. Algo estaba mal.

La banda estaba recogiendo. No solo mi plato se había ido, sino la comida sobre la mesa también, y la gente se estaba marchando, de hecho, muchos se habían marchado ya. Mis hijas corrieron hacia mí y me preguntaron en dónde había estado. Me habían estado buscando, mi hija menor estaba muy angustiada y Tom estaba furioso puesto que me había perdido la fiesta. Me demandó saber en dónde había estado yo. Permanecí parada ahí en un estado de confusión y alarma total. El pánico estaba aumentando lentamente en mí, a medida que abrazaba a mi hija menor e intentaba tranquilizarla.

Yo preguntaba qué había pasado, por qué se estaban todos marchando, ¿había sucedido algo?

Pero Tom me estaba plantando cara, exigiendo que le dijera a dónde me había largado. No pude contestarle, no entendía la pregunta. Intenté explicar que había salido a ver unas luces en el cielo, pero enseguida me quedé sin habla. Me entumecí. Claramente estaba sufriendo de alguna clase de lapsus de memoria, pero, ¿qué causaría esto?

«¿Había tenido un derrame cerebral? ¿Me caí y golpeé mi cabeza?»

No queda ni una pizca de memoria sobre lo que me ocurrió durante ese tiempo perdido. Me había perdido por más de dos horas, ¡quizá tres! Nunca pasé demasiado tiempo intentando descifrar eso.

Me asustaba demasiado analizarlo de cerca, pero puedo asegurarles que una abducción alienígena no era algo que yo hubiera siquiera considerado en esa época. Ahora, después de todo lo que me ha pasado, está claro que mis chicos estuvieron ahí y me recogieron. Creo que es demasiado atrevido que hayan venido durante una reunión familiar. Muy audaz de su parte. También me pregunté sobre la cercanía de ese encuentro con aquél que yo había tenido a los 17 años. Parecía tener una idea en los recovecos profundos de mi mente, de que había áreas específicas en donde les era más sencillo entrar en nuestra dimensión. Me pregunté si estar en esa ubicación se los hizo demasiado fácil como para dejar pasar la oportunidad.

El bloqueo que se produjo con ese episodio fue demasiado profundo, ya que yo había estado bastante molesta por esa situación, y, sin embargo, para cuando llegamos a casa esa noche, casi no le dirigí ningún pensamiento al tiempo perdido ni a ninguna otra extrañeza que hubiera sucedido.

Abducción cayendo sobre la cama—verano de 1979

Durante ese mismo periodo de tiempo, de hecho, creo que ocurrió a días de la abducción en la fiesta de cumpleaños, tuve lo que yo llamo la experiencia «cayendo sobre la cama». Mis hijas tenían cinco y ocho años de edad, y recientemente nos habíamos mudado a una casa de granja, vieja y destartalada, que estábamos renovando. Era verano y mi esposo se había marchado más temprano para ir a trabajar, mientras las chicas y yo estábamos aún dormidas en nuestras habitaciones del piso superior. Lo que recuerdo es caer sobre mi cama muy temprano por la mañana. Había estado dormida, pero me desperté estando en un punto justo por debajo del techo y me sentí cayendo por el aire, sólo por un segundo, antes de golpear con fuerza la cama de agua.

Mi hija menor aparentemente había subido a mi cama y salió volando cuando mi cuerpo azotó sobre el colchón. Ambas gritamos y nos abrazamos la una a la otra para evitar que rebotáramos hacia el suelo. Al mismo tiempo, hubo un crujido muy fuerte como si un solo estallido de trueno hubiera ocurrido justo en la habitación.

Luego, mi hija mayor dejó escapar un grito desde su habitación al final del pasillo, y llegó corriendo a mi habitación. En general, todo fue un caos. Mi pequeña estaba temblando, y mi hija mayor estaba frotando su cabeza y llorando, diciendo que había caído sobre su cama y se había golpeado en la parte posterior de su cabeza con la cabecera. La revisé y, en efecto, tenía un chichón comenzando a formarse en la parte inferior de su cráneo. Le dolía el chichón, pero estaba aún más desconcertada por el sueño perturbador que había tenido, algo sobre su perro, payasos y estar perdida e incapaz de encontrar su camino de vuelta a casa.

Intenté consolarlas a ambas, pero mi mente estaba repasando a toda velocidad los hechos e intentando darles sentido. Sabía que había caído sobre mi cama, y ahí estaba ahora mi hija contando lo mismo. «¿Cómo podía ser eso?» Finalmente concluí que esa casa vieja estaba comenzando a derrumbarse y teníamos que salirnos LO ANTES POSIBLE.

Tomé a mis dos niñas y salí corriendo hacia el pasto con ellas. Busqué el lugar en donde había iniciado el derrumbe por los perímetros de la casa. Parecía lógico que fuera debajo de mi habitación, pero no pude encontrar nada que indicara ningún tipo de compromiso estructural. Corrí alrededor de la casa, mirando más de cerca los cimientos, sin encontrar nada, sabiendo que tenía que aventurarme en el sótano para mirar ahí.

No podía haber ninguna otra respuesta razonable para lo que había sucedido. Ambas, mi hija mayor y yo, habíamos experimentado la sensación de caer sobre la cama. La única cosa que podría causar eso era que la casa cayera justo debajo de nosotras. No era posible que fuera nada más. Mis niñas estaban molestándose por estar fuera en el jardín en pijamas. Querían desayunar y yo estaba mirando con consternación y pavor hacia la escalera que daba al sótano.

No quería bajar ahí. ¿Qué pasaría si la casa se derrumbaba mientras yo estaba ahí abajo? No sólo podría quedar atrapada, peor aún, mis hijas serían testigos de ese evento espantoso. No podía arriesgarme. Di otra vuelta mirando alrededor de la casa y, al no ver nada de qué preocuparme, todas regresamos adentro. Inmediatamente revisé las paredes interiores para ver si tenían grietas o fisuras. Una vez más, no hubo nada ahí.

Llamé a mi padre y le expliqué lo que había sucedido. Él me dijo directamente que no tenía sentido, pero yo fui insistente. Yo sabía lo que sabía. Ambas habíamos tenido nuestras camas cayendo debajo de nosotras, y mi hija tenía el chichón en la parte posterior de su cabeza para probarlo. Por lo que yo había experimentado, me pareció que el piso había tenido que caer al menos un metro.

Mi papá finalmente accedió a venir y echar un vistazo a la casa, después de que decidimos que quizá el pozo de grava que estaba por el camino, había sido puesto de nuevo en servicio y, posiblemente, una gran explosión de dinamita había sacudido mi casa. Fue exagerado, pero fue todo lo que pudimos pensar, basado en la lógica común.

Rápidamente les preparé algo de comer a mis hijas y las acompañé de vuelta al jardín, para esperar a mi padre. Él llegó pronto y, bendito sea, pasó demasiado tiempo mirando y revisando lugares, incluso en el sótano, pero no encontró evidencia alguna de ningún tipo de colapso o problemas de cimentación.

Lo discutí con mi esposo esa noche cuando llegó a casa del trabajo. Me negaba a dormir en la casa esa noche, pero no sabíamos qué hacer ni a dónde ir. Él miró de nuevo en el sótano con una gran linterna, y aún no había ni una sola pieza de evidencia para apoyar mi teoría, nada aparte del molesto golpe en la cabeza de nuestra hija.

Honestamente, no recuerdo si nos quedamos ahí esa noche o no, pero, una vez más, fui forzada a simplemente olvidar el asunto entero. No había explicación racional por lo que había ocurrido, así que lo empujé fuera de mi mente, a pesar de que nuestra hija mayor habló por un largo tiempo del sueño extraño y perturbador que había tenido, ya que la había alterado bastante. Yo la escuché repetir ese sueño una y otra vez y no había consuelo suficiente que pudiera aliviar su ansiedad.

Esos recuerdos y muchos otros, surgieron a la superficie, todos durante ese verano de 1988, a partir de que la regresión tuvo lugar y yo opté por «dejar la puerta abierta». Había momentos en los que me arrepentía de esa decisión, pero cuando la tomé, realmente había pensado que todo lo que obtendría sería claridad acerca del incidente de 1968 al borde de la carretera. Yo nunca, nunca hubiera imaginado que había estado teniendo esas abducciones a lo largo de mi vida entera. Y, ciertamente, nunca esperé comenzar a tener encuentros de los que estuviera al tanto de forma consciente.

Encuentros del tercer tipo—finales de la década de 1970

Deben recordar que ni siquiera sabía que esas cosas habían sucedido. Una historia de abducción era para mí tan extraña como algo pudiera serlo. Y la razón de eso es porque ellos, ellos refiriéndome a los grises, me habían mantenido tan bloqueada, que fui incapaz de siquiera comprender la idea. En serio, recuerdo que Tom me llevó a un autocinema a finales de los años 70. Estaban exhibiendo «Encuentros cercanos del tercer tipo». Para ese entonces, yo tendría unos 26 o 27 años de edad, así que estaba teniendo o acababa de tener mi propio encuentro cercano de tercer tipo cuando estuvimos sentados ahí mirando esa película.

O, mejor dicho, yo «intentaba» mirarla. Lo que me sucedió fue totalmente extraño y frustrante. Estaba viendo una pantalla que estaba completamente revuelta, y las palabras estaban igual de mezcladas. Nada tenía sentido para mí. Era como si alguien hubiera tomado la película, la hubiera cortado en cientos de pedazos y la hubiera vuelto a poner al azar. Fue bizarro. Yo quería ir a hablar con alguien (acerca de la pantalla revuelta), y me pregunté por qué nadie más se estaba quejando. Le insistí a Tom que tocara la bocina o, al menos, que nos marcháramos. No podía ver una simple palabra o imagen clara. Seguía preguntándole a Tom qué estaba pasando, ya que no podía, por ningún medio, entender cómo era que alguien podría comprender eso. Estaba tan claramente revuelto. Tom continuaba callándome.

Finalmente me frustré tanto que decidí ir a hablarlo con alguien. Caminé hacia el puesto de la entrada y les exigí que me dijeran por qué la película estaba hecha un desastre. ¿Cómo era que esperaban que la viéramos cuando estaba tan distorsionada?... ¡y el sonido era igual de malo!

Los dos jóvenes trabajando ahí me miraron como si estuvieran saliendo cuernos de mi cabeza. Luego se giraron, miraron la pantalla, me miraron de vuelta y dijeron: —Señora, ¿de qué está usted hablando?

Me quedé ahí, aturdida e intentando comprender la situación, pero no pude soportar la forma en que me miraron, así que regresé al auto, me metí al asiento trasero y me dormí.

No fue sino hasta unas décadas después, cuando vi la película en video, que fui capaz de entenderla. ¡Ahora comprendo por qué no querían que yo la viera! Hay demasiada verdad en esa película. Alguien tiene conocimientos sobre la experiencia de abducción alienígena de forma cercana y personal, ¡tanto que fue capaz de escribir ese guion!

Tom sigue adelante

No fue mucho después de la tercera sesión de hipnosis y el encuentro con los MIB, que Tom se mudó. Tomó un par de años más de intentos intermitentes, pero esencialmente nuestro matrimonio se había terminado. Yo creo que para él fue muy difícil el saber que no era capaz de proteger a su familia de esos intrusos. Era simplemente más sencillo para él el marcharse. Yo sé que le dijo a la gente que yo me había vuelto loca y estaba alucinando. No podía culparlo; era solo su forma de poner distancia entre él y lo que estaba sucediendo conmigo. Sin embargo, creo que él tampoco pudo racionalizar los eventos que estaban sucediendo con una frecuencia que iba en aumento.

Tratando de entender

Así, comencé con mucha determinación a intentar entender intelectualmente lo que estaba sucediendo con esos seres. Leí libros, atendí convenciones de ovnis, fui a reuniones locales de personas que habían tenido algún tipo de experiencia ovni. También me ofrecí como voluntaria para ayudar a otras «víctimas» de abducciones ovnis, yendo junto con los investigadores y ofreciéndoles cualquier consuelo que pudiera.

Me ayudó el ser de ayuda para otros. Muchas veces, las víctimas eran niños o jóvenes adolescentes. El miedo, desconcierto y confusión asociados a este fenómeno, eran astronómicos. Intentar integrar la experiencia a tu vida y continuar con algún tipo de normalidad, es virtualmente imposible. En algunas ocasiones, la abducción parece ser un evento único y, otras veces, como la mía, eran una serie de eventos sucediendo a lo largo de una vida entera.

Refiriéndome a los grises, hasta cierto punto, ellos sí seguían un patrón, y siempre habían tenido un alto grado de rareza sobre ellos. Y, casi siempre se hablaba de los grises cuando escuchábamos sobre cosas que demostraran tan extraña conducta, tanto que nos hiciera cuestionar su intelecto. Desde luego, yo siempre pensé que debían ser una civilización más avanzada, ya que su tecnología estaba mucho más adelantada a la nuestra, sin embargo, su falta de compasión y entendimiento básico de aquello por lo que estaban haciendo pasar a sus «víctimas», era inconmensurable.

Más que unos cuantos de mis encuentros terminaron con ellos dejándome caer desde una distancia alta hacia la tierra o suelo que había debajo, ¡como el incidente del corral! ¡Podría haberme congelado hasta morir ahí fuera! Eran cosas como esa las que me confundían infinitamente. ¿Cómo podía yo pensar que se preocupaban por mi bienestar, cuando me hacían cosas similares? ¿Qué hay de los hematomas? ¿Las marcas de aguja? ¿Las cicatrices?

Cuando era demasiado pequeña, apenas y se me había permitido tomar duchas sola, así que, ¿qué tan grande podía yo ser? ¿quizá seis o siete?, estaba obsesionada con meter mi meñique dentro de un hoyuelo que ellos habían dejado en mi pantorrilla derecha. Curiosamente, sabía lo que era. De hecho, puedo recordar sentarme sobre la bañera, meter la punta de mi meñique en esa mella ahuecada y pensar en cómo lo habían hecho ellos. No me dolía. Me dijeron que no lo haría, y no lo hacía. Ni siquiera sangraba; simplemente sanó rápido y dejó ese pequeño hoyuelo. En realidad, no me importaba que lo hubieran hecho. Me explicaron que era necesario para asegurarse de que yo me mantenía sana. Tuve esa pequeña marca ahuecada por años y todavía tengo una mínima cicatriz de ello.

Parecía que, cuanto más buscara respuestas, más confundida me volvía. Finalmente, me di cuenta de que las respuestas no estaban «allá afuera». Podría leer todos los libros del mundo, atender cada conferencia, cada grupo de apoyo, cada convención, y aun así saldría sin nada más que más preguntas. No me extraña que sea tan fácil decir que el fenómeno de abducción es pura alucinación, sueños, terrores nocturnos o fantasía.

Tiempo de recuperar mi poder

Mientras más buscaba, más frustrada me sentía. Decidí enfocarme nuevamente en el grupo de meditación. Extrañamente, tanto Don como el grupo, me animaban a hacer básicamente lo mismo con el objetivo de sentir una clase de control sobre los eventos que estaban sucediendo. Me decían que necesitaba recuperar mi poder.

Después de que Tom se mudara, mi miedo se había vuelto digerible. Me aterrorizaba quedarme sola en casa. Ellos venían con más y más frecuencia, y yo recurrí a Don por ayuda. Él dijo que podrían colocar cámaras, pero eso no los había disuadido nunca a ellos, y nadie había sido capaz de capturar nada en película. Eso no me sorprendió, sabiendo que eran de una vibración dimensional diferente, sería lógico que no fuéramos capaces de captar su imagen en video. Muchas veces los sentí cerca y entraba en pánico.

Una vez me encontré a mí misma manejando locamente hacia Madison, intentando escapar de ellos. De pronto, fue como si me despertara, ya que me di cuenta de que no solo no podía esconderme de ellos, sino que mis hijas estaban en la casa, solas. ¿Qué clase de madre era yo? Había perdido la cabeza por el miedo; esa era la clase de madre que era, luchando contra un enemigo contra el que no se podía combatir. Yo necesitaba abordar esto de diferente forma.

Procedí a desafiar a los grises. Primero, conduje hacia una propiedad que conocía, algunos kilómetros lejos en el campo. Era una granja abandonada con una entrada bastante larga. La alquería estaba desolada, no había vecinos a la vista. Estaba oscureciendo. Había una sombra de luna, pero no había estrellas visibles. Salí de mi auto y comencé a hablarles.

Fue un diálogo unilateral cuando los llamé y los reté a mostrarse. Sabía que estaban cerca y sabía que podían escucharme. Caminé por el campo y luego de regreso. Mis ruegos se convirtieron en llanto y luego, despotricaba y deliraba, mientras agitaba mi puño contra ellos y les llamaba cobardes. El vivir con miedo fue lo que me hartó. Cansada de que ellos se colaran después del anochecer y me sacaran de mi casa. Cansada de lo que le habían hecho a mi vida, la devastación que trajeron sobre mí y las vidas de mis hijas. Quería que se mostraran, que me explicaran por qué sucedía eso. Que me hiciera sentido. Miré hacia arriba al cielo nocturno y supliqué por una respuesta. Me debían tanto por todo lo que me habían quitado.

Ellos estaban ahí. ¿Por qué no se estaban mostrando? Lloré y continué por un buen rato, caminando arriba y abajo por el camino, pateando rocas, golpeando mi coche con mis puños, lanzándoles insultos y desahogando toda mi ira y frustración, hasta que no quedó nada dentro de mí. Esperé en el silencio de la noche por una respuesta. De cierta forma esperaba alguna. Gastada emocionalmente, me derrumbé en el suelo, llorando. Me abracé balanceándome adelante y atrás, en medio de ese camino de grava, y con voz apenas audible continué preguntando: —¿Por qué?... ¿Por qué?

Cierro mis ojos para poder ver.

Paul Gauguin

CAPÍTULO 8:
Viviendo con un pie en otra dimensión

Reclamando mi hogar

Pocas noches después, hice lo que me habían recomendado mi grupo y Don. Fui a cada habitación de mi hogar y las declaré a salvo y fuera de su alcance. Salí en la oscuridad y caminé alrededor de mi casa sin linterna ni el beneficio de alguna luz exterior. Repetí continuamente: —Aquí estoy protegida. Esta es mi casa y es mi espacio seguro.

Fue difícil. Cuando comencé sabía que era mentira, sin lugar a dudas no era segura, pero continué dando vueltas alrededor de mi casa hasta que se tornó más fácil, y el miedo y la duda fueron reemplazados con un sentimiento de control y poder. Sentí que se liberaba la opresión de mi pecho y mi cuerpo, mientras un miedo pesado se elevaba hasta salir de mí. Hubo tanto alivio que fue asombroso. Casi colapso ante la sensación de ello. Esa noche dormí más pacíficamente de lo que había hecho en meses.

Hubo un cambio después de eso. Entré en un espacio nuevo que se sintió como si yo efectivamente tuviera palabra respecto a lo que me estaba sucediendo; no la habilidad de hacer que se detuvieran las experiencias, sino más bien como si estuviera cumpliendo con un convenio al que accedí hacía mucho, mucho tiempo. Un acuerdo que había hecho para jugar este rol y permitir estas experiencias, a pesar de que no lo recordara conscientemente. Mi perspectiva había cambiado. El miedo no se había ido por completo, no estaba segura de que en algún momento lo hiciera, pero el sentimiento frío, crudo, de ser una víctima, estaba disminuyendo. Parecía haber un cambio sutil en su actitud hacia mí. La comunicación comenzaba a abrirse. Comencé a escuchar la voz de Da, incluso cuando no estaba presente físicamente. Era vivir con un pie en esta dimensión y otro en la suya. Así fue como me sentí, y a medida que miro atrás hacia esa época, creo que es una gran forma de explicar lo que me estaba sucediendo.

Conociendo a un sanador psíquico

Fue justo alrededor de ese periodo cuando llevé a una querida amiga mía a ver a un sanador psíquico. Ella padecía de EM (Esclerosis múltiple), y pensamos que no había nada que perder al intentar eso, ya que sus doctores no habían sido capaces de hacer mucho por ella. La sesión de sanación fue en la casa de un maestro espiritual a quien yo había conocido hacía poco tiempo.

Poco después de haber llegado, la anfitriona hizo pasar a mi amiga a una habitación posterior para su sesión y yo me quedé sentada ante la mesa de la cocina, sola, cuando entró un hombre a quien yo no conocía. Más tarde supe que él era el sanador. Nos sonreímos el uno al otro a medida que él pasó a mi lado para beber algo, pero se detuvo, se mantuvo inmóvil por unos segundos, y luego retrocedió.

Me miró intensamente y me dijo: —Vaya, tienes bastantes cosas sucediéndote, ¿no es así?

Yo le devolví la mirada mientras intentaba decidir si debía responderle honestamente o solo darle una respuesta amable. Pero antes de que yo pudiera decir nada, él dijo:

—¿Sabes que apenas y estás aquí? Esencialmente estás viviendo en otra dimensión. Apenas y tienes un pie en este mundo.

Yo estaba anonadada. Le dije que así era exactamente como me sentía.

—¿Cómo lo sabes? ¿Puedes decirme de qué se trata todo esto?

—No te preocupes por tus experiencias. Si no los quieres en tu vida, no tienes por qué tener nada que ver con ellos —contestó.

—¿Son buenos o malos? —pregunté la única cuestión que me había molestado constantemente.

—Sabrás cuál es tu función o rol cuando sea el tiempo correcto. Has sido entrenada y enseñada por ellos tu vida entera. Es tu propósito de vida. Es como si tuvieras una cápsula en tu cabeza y se está disolviendo lentamente, revelándote poco a poco toda la información.

—¿Pero son buenos o malos? —pregunté nuevamente.

—Estás trabajando con dos grupos diferentes —dijo, evadiendo una vez más la pregunta.

Entonces se alejó de mí, tomó un poco de jugo y dejó la habitación.

Quería desesperadamente hablar más con él, pero sabía que había obtenido toda la información que él estaba dispuesto a compartir. Sus percepciones eran interesantes y yo archivé esa experiencia con todas las demás cosas peculiares de mi vida. No profundicé demasiado en eso, ya que sonaba raro y no muy probablemente cierto, basándome en mi perspectiva en ese entonces. De cualquier forma, a medida que pasó el tiempo, pareció que su afirmación sobre la cápsula disolviéndose, dio en el clavo.

La parte sobre ellos no teniendo que estar en mi vida, nunca pareció ser cierta, pero he llegado a entender por qué es eso. Respecto a mí trabajando con dos grupos diferentes, eso aún está por verse, ya que, hasta este momento, no tengo ningún recuerdo de ningunos otros extraterrestres aparte de los grises.

Cuando realmente me comencé a sentir como si ganara terreno con los extraterrestres y adquiriera una sensación de cierta clase de control y comprensión, aunque mínimo, fue justo en ese momento cuando recibí el golpe más duro de todos.

Descubriendo la participación de mi hija—1988

Yo estaba de pie en la cocina una mañana de domingo en 1988, buscaba cualquier excusa para no ir a la oficina. Estaba entumecida

113

por la fatiga debido a toda la actividad y abrumadoramente triste por la desintegración de mi matrimonio. Me sentía derrotada. Estaba apoyada contra la barra de la isla, intentando fortalecerme para el día, cuando mi hija mayor entró desde el pasillo. Mi corazón moría de amor mientras observaba a esta niña menuda, hermosa y delicada, entrando a tropezones en la cocina, con los ojos somnolientos. Estaba vestida con su camisón, cabello rubio todo despeinado, y yo no pude evitar pensar en cuando ella era apenas una niña pequeña. Siempre había dormido mucho y tal como era su hábito, frotaba sus ojos intentando despertar.

Le sonreí mientras le preguntaba qué hacía despierta tan temprano; no era en realidad tan temprano, pero para una chica de 17 años en vacaciones, era temprano. Me dijo que quería platicarme sobre un sueño que había tenido, ¡había sido un sueño tan genial! Algunos hombres la habían llevado a una habitación y le mostraron una variedad de imágenes que eran de su vida. Se tornó bastante animada mientras me platicaba sobre todas las imágenes que fue capaz de ver, e iba de un ejemplo a otro, diciéndome que todas esas imágenes no eran de una vida de ensueño, sino de su vida real.

Yo la escuché atentamente y, mientras hablaba, la miré caminando hacia la mesa, y fue ahí cuando los vi. Las partes traseras de sus piernas estaban llenas de moretones, grandes y redondos moretones, no pequeños, sino bastante grandes. Me acerqué, le levanté el camisón y contuve el aliento mientras veía los grandes hematomas, negros y azules, sobre su espalda y la parte superior de sus muslos. Le pregunté qué había pasado, con quién se había peleado o qué había estado haciendo que resultara en esos terribles hematomas.

Ella estaba distraída. Ahora estaba diciendo que esos mismos hombres en su sueño la habían interrogado sobre las cosas que se suponía que debía estar aprendiendo, y le dijeron que no lo estaba haciendo tan bien como les gustaría. Ella estaba realmente molesta por eso. Era importante que ella aprendiera esas cosas que los hombres le habían dicho, pero ella simplemente no lo estaba entendiendo. Ahora se estaba poniendo nerviosa.

Yo estaba intentando escucharla, pero me asustaron los moretones y quería que ella me dijera cómo habían aparecido. De nuevo, ella los desestimó. Yo estaba bastante perturbada por lo que estaba viendo y un tanto alarmada por el sueño que estaba recordando. Si pudiera obtener una explicación racional de los moretones, sería más fácil descartar el sueño simplemente como eso, un sueño. Juntas, ambas cosas presentaban un panorama de aquello que yo no quería ver.

Examiné de cerca los desagradables hematomas. Parecía claro que no era algo que pudiera haber sucedido por sencillamente chocar contra algo o alguien. Estaban en su «espalda». No tenía sentido, ¿cómo es que a alguien le salen moretones por toda la parte posterior de su cuerpo de esa forma? Parecía como si alguien hubiera tomado una pequeña pelota de demolición y la hubiera golpeado con todas sus fuerzas con ella.

Revisé el resto de su cuerpo y no encontré nada más. Dejé de presionarla por respuestas. Podía asegurar que ella no estaba escondiéndome nada. Estaba concentrada en el sueño perturbador y esos hematomas no le preocupaban en lo más mínimo.

Yo intentaba no ver lo obvio y podría haber sido capaz de dejarlo pasar, pero poco después fui forzada a verlo por lo que era. Demasiado seguido a partir de eso, mi hija me platicaba eventos que tenían la naturaleza bizarra y la marca distintiva de los encuentros con los grises. Yo había sido demasiado cuidadosa para mantener mis experiencias lejos de las niñas, pero fue imposible protegerlas por completo de toda la actividad y cosas extrañas que sucedían en nuestra casa. Me mantenía diciéndome a mí misma que era solo su imaginación hiperactiva, o quizá estaba buscando más atención. Eso hubiera sido comprensible ya que yo había estado tan distraída por todo con lo que estaba lidiando, que, ciertamente, mis dos hijas habían pagado un alto precio. Pero ella estaba demostrando miedo, un miedo profundo.

Y eso no era algo que se hubiera presentado si ella solo estuviera dejándose llevar por su imaginación. Además, sus historias tuvieron el alto nivel de rareza que está asociado con el escenario completo de abducción ovni. Agreguen a esto que algunos de sus amigos habían sido testigos de algunos de esos eventos extraños, y estaba demasiado claro que algo estaba fuera de lugar. Me dolió ver escalando su confusión y ansiedad, pero continué estando al pendiente y observando, sin querer creer que realmente le estuviera sucediendo a ella.

La respuesta llegó una noche cuando desperté con el conocimiento escalofriante de que mi hija no estaba en cama. Fue solo mi gran amor y mi sentimiento de protección por ella, lo que me brindó la habilidad de despertar completamente del estado de sueño profundo en el que estaba. Este estado era tan profundo, que me recordaba a un sueño inducido por drogas, como la anestesia.

Ahora sé que no estaba destinado que me despertara completamente porque, a medida que lo hice, ese sentimiento horrible de miedo por mi niña, trajo claridad a mis sentidos, salté fuera de la cama y corrí escaleras abajo hacia su habitación. Ella no estaba ahí. Las cobijas sobre su cama estaban puestas de forma ordenada, como si ella se hubiera levantado y las hubiera alisado antes de partir. El sentimiento enfermizo en mi estómago creció hacia el pánico. ¿Qué hacer? ¿A quién llamar? ¿A dónde ir? Me obligué a ser racional, esto podría no ser lo que parecía. Después de todo, ella era una adolescente, y yo tenía que considerar la posibilidad de que se hubiera escapado de la casa para encontrarse con su novio.

Así que caminé escaleras arriba, de vuelta hacia mi habitación, y me senté sobre la cama. Había tenido suerte con los poderes de percepción extrasensorial que había desarrollado mientras pasaba tiempo en compañía de mis chicos, así que los puse a prueba una vez más. Me proyecté a mí misma «fuera» para ir en busca de mi hija, y rápidamente la encontré desplomada en el piso, de espaldas contra una pared y en un estado de consciencia alterado. Reconocía la situación, ella estaba con los grises.

Inmediatamente entré en pánico. Comencé a llamar a Da y le demandé que trajera a mi bebé a casa a salvo, AHORA. Estaba furiosa mientras continuaba gritándole a él.

Finalmente, me calmé lo suficiente para escuchar su respuesta de que sí, ella estaba allá con él, y ellos la llevarían de vuelta pronto. Ella estaba bien.

Le demandé saber qué estaban haciendo con ella. «¿Esos hematomas habían sido provocados por ellos?»

—Ella es parte del programa; tú lo sabes. —Me llegó su respuesta.

—No, eso no está permitido. Tómenme a mí tanto como quieran, pero dejen a mi niña en paz —demandé.

—Eso no es posible —declaró él sin emoción alguna.

Yo discutí, lo maldije y le supliqué. Le rogué y negocié. Nada que dijera tuvo impacto sobre él, de ningún modo. Cuando estuvo claro que yo no tenía palabra en eso, ni poder ni forma posible en que pudiera proteger a mi niña, les pregunté si pudieran al menos tratarla gentilmente.

¿Sabía él que ella estaba volviendo con hematomas cubriendo su cuerpo? ¡La estaban manejando con demasiada brusquedad! ¿Sabía él que ella estaba viviendo con miedo, atormentada por recuerdos parciales y «sueños» de ellos cuestionándola, demandándole que aprendiera ciertas cosas?

—Si no pueden dejarla en paz, al menos tendrán que prometerme que serán gentiles con ella y no dejarán que nada le haga daño. ¡Y bloquearla! Bloquearla tan bien que nunca tenga que pasar por lo que yo he pasado. Bloquearla de forma que ella nunca tenga ni la menor idea de lo que le está sucediendo. ¿Pueden hacer eso? —les rogué.

Él dijo que lo haría. Ese fue un pequeño consuelo.

Inicialmente, yo sufrí profunda culpa por esa situación. Venía de la creencia de que yo, de alguna manera, había traído eso sobre mi hija; que, por mi involucramiento con los grises, de alguna forma había abierto la puerta a esa actividad, y así, le había permitido ingresar a la vida de mi hija.

Y yo no podía protegerla, ese es el sentimiento más impotente del mundo. No había nada en mis experiencias, hasta ese punto ni después, que se acercara siquiera al trauma y dolor que sentí al enterarme de su participación. No podía proteger a mi hija. Así que tenía mucho miedo de ir a la cama por las noches.

«¿Cómo podría cerrar mis ojos y dormir, mientras ellos podrían estar viniendo por ella?»

El miedo que experimenté cuando supe que yo era su objetivo, no fue nada comparado con esto. Ni siquiera estaba cerca.

Hubiera hecho lo que fuera por mantenerla a salvo, y mi mente aceleró a medida que intentaba encontrar formas de hacerlo. Hablé a Don acerca de esto y él dijo que yo podría ponerla a ella en un bunker sellado con concreto, a kilómetros bajo el suelo, y, aun así, ellos llegarían a ella si así lo deseaban. No había manera de mantener alejados a los grises, o de hacer que esas abducciones dejaran de suceder. Me sentí enloquecer con la impotencia de la situación.

Claro, sabía que había pistas previas a esa experiencia, de su participación con los grises, pero los recuerdos eran tan nuevos y habían llegado a mí tan rápidos y furiosos, que en realidad no había tenido tiempo de asimilarlo todo y obtener una imagen clara. Todo había sido tan abrumador. Aún estaba clasificando mis propias experiencias con ellos, analizando lo que sabía con seguridad y buscando significado y propósito. Había sido demasiado y, realmente tengo que admitirlo, no «quería» ver eso. Eso lo cambió todo. El recuerdo de lo que habían dicho los MIB, volvió rápidamente hacia mí. Ellos dijeron que ese «estudio» sobre mi familia se había llevado a cabo por generaciones, y que era demasiado importante como para echarlo a perder por mi necesidad de llevarlo hacia mi consciencia y bajo el escrutinio de un investigador ovni de «poca monta». Esa nueva y gran revelación disparó un gran agujero en la sensación de paz recientemente adquirida, que había obtenido a partir de haber declarado mi hogar como un lugar seguro. Esto me puso de vuelta en el punto de partida y mi enojo creció más allá de lo que me había pasado hasta entonces. Me consumió.

Con el paso del tiempo, quedó claro que había muchos, muchos incidentes que involucraban a mi hija, pero no les contaré su historia. Fui demasiado reservada para incluir cualquier cosa acerca de mis hijas, y me niego a hacerlo hasta que resulte tan obvio que estaba omitiendo una gran pieza del rompecabezas. Esta permanecerá principalmente como la historia de mi implicación con los grises, pero ciertamente, la historia de la participación de mi hija se traslapa con la mía propia. Si alguna de mis hijas tiene algo más que decir, quedará en ellas el dar un paso adelante. Yo no hablaré por ellas ya que este es un tema bastante personal. Sólo sé que Da parecía cumplir con su parte del acuerdo.

Un día, alrededor de una semana después de que mi hija desapareciera a mitad de la noche, yo estaba sentada en nuestra terraza posterior, cuando ella salió y se sentó a un lado de mí en los escalones.

En cierto momento, mientras hablábamos, estiró sus brazos frente a ella y los giró. Estaba estirándose y frotando sus brazos de forma inocente, cuando vi los moretones distintivos de los dedos de los grises sobre sus antebrazos, desde donde la habían tomado. Mi estómago se encogió a medida que luché contra la urgencia de tomarla entre mis brazos en un esfuerzo tardío por protegerla. Batallé por permanecer tranquila mientras la veía rascándose con su mano contraria, arriba y abajo sobre su antebrazo. Ella estaba hablando sobre lo que había hecho la noche anterior, cuando la miré notando sus moretones.

Ella no entró en pánico como temí que haría, al contrario, los miró, entrecerró los ojos, observó más de cerca, y luego dijo: —Jummmm, me preguntó cómo me habré hecho esto.

Luego, continuó con su historia. Yo estaba aliviada y de alguna forma sorprendida de que no hubiera unido los puntos, pero, más triste que nada, era el hecho de que la prueba de lo que aún estaba sucediéndole estuviera ahí, sobre su cuerpo. En su mayoría, sus bloqueos permanecieron demasiado fuertes, así que el miedo que ella había demostrado, se disipó. Al menos por eso, estoy agradecida.

Necesitando un tiempo libre—verano 1988

Era ahora finales del verano de 1988, y yo estaba exhausta. Todo me había afectado. Apenas y podía funcionar, así que, por primera vez en mi vida, me tomé dos semanas enteras de descanso en el trabajo. Me quedé en casa y descansé. Intentar funcionar en un trabajo en el que tenía que interactuar con clientes de forma profesional, había alcanzado el punto de quiebre para mí.

Recuerdo haber salido con unas personas y estar caminando alrededor de su casa. Estaban planeando anunciar su propiedad conmigo y me estaban mostrando los límites de su lote, pero yo estaba distraída por mis recuerdos de un encuentro que había tenido una o dos noches antes. Estaba intentando llenar los espacios vacíos y continuamente jalaba mi manga hacia arriba para mirar los moretones que habían dejado sobre mi antebrazo. En un momento dado, mientras estábamos de pie en su jardín, revisé de nuevo.

Sí, aún estaban ahí. Odiaba verlos como si fueran un recuerdo visual, «en mi cara e indiscutibles», de lo que me estaba sucediendo. Lo haría de nuevo. Revisaría una y otra vez, siempre con la esperanza de haber estado equivocada, quizá estar exagerando o, de alguna forma, confundiendo una mordida de insecto con las temibles marcas de su agarre como tornillo de banco.

Miré a la pareja e intenté concentrarme. Estaban platicándome orgullosamente sobre su huerto y cultivos. Podía sentirme desvaneciendo. El enojo y la frustración estaban creciendo en mí. Me ofendía esa gente por tener una vida tan ordenada y genial, ¡una vida normal!

Quería gritarles. «¡¿A quién le importan sus malditos árboles?! ¡¿Qué no ven que tenemos asuntos mayores con los que lidiar?! Explíquenme cómo es que pueden venir los alienígenas a mi casa y llevarse a mi hija. ¿No me creen? Bien, ¡entonces explíquenme estos moretones! Como pueden ver, ¡los aliens me los dejaron cuando me jalaron de mi cama anoche! ¡Explíquenme "eso", eh!»

Fue ahí cuando supe que necesitaba un tiempo libre. Iba a explotar un día de esos y no sería bueno.

Incidentes conduciendo N.º 1 & 2
Atravesando—1988

Justo por ese mismo periodo, comenzó a sucederme algo muy extraño mientras manejaba. Casi en cada intersección a la que llegaba, a medida que la pasaba y aceleraba, escuchaba un choque estrepitoso como si hubiera sido golpeada por otro vehículo. Era extremadamente desconcertante, y no podía averiguar cómo hacer que parara. Mi madre estaba conmigo cuando sucedió una vez, y le pregunté si lo había escuchado. No lo escuchó.

A medida que le hablaba al respecto, me di cuenta de que, en efecto, en algún momento se me había explicado por qué ocurría eso. Había tenido varios choques menores desde que todo este asunto de ovnis había comenzado a acontecer, así que los sonidos de choques eran un recordatorio para ser extra cuidadosa, con el objetivo de pasar los cruces a salvo. Estaba distraída por todo lo que estaba sucediendo conmigo, y era definitivamente propensa a accidentes. En eso estaba de acuerdo, se estaba volviendo demasiado difícil mantener mi atención en algo. Ese asunto de choques siguió por algunas semanas, y durante ese tiempo me sucedió algo realmente extraño.

Estaba ubicada en el cruce principal, en la entrada a nuestro pueblo. La carretera que rodea nuestra comunidad es un tanto concurrida, y ese día yo me dirigía de vuelta al pueblo desde mi casa, y necesitaba cruzar esa carretera. Me detuve, miré en ambos sentidos, o creí que lo había hecho, pero cuando arranqué hacia el medio de la intersección, vi con horror cómo un gran sedan beige se dirigía exactamente hacia mí. Se acercaba rápido. Miré al conductor mientras se me acercaba.

«Maldición, venía derecho a impactarse contra mí».

Mis dedos presionaron instintivamente el volante, a medida que presionaba a fondo el acelerador, pero sabía que era inútil. Los observé a él y a su pasajero viniendo hacia mí. Miré el miedo en sus rostros cuando, de igual forma, se dieron cuenta de lo que estaba por suceder. No aparté la mirada mientras me preparaba para el impacto.

Luego hubo silencio. No hubo choque.

«¿Qué pasó? ¿A dónde se había ido? Simplemente ya no estaba ahí». Yo estaba aún en la intersección, lo había estado observando atentamente, pero ahora se había ido, simplemente desaparecido. Yo seguía apenas a la mitad, básicamente bloqueando ambos carriles. No tenía sentido.

Rápidamente me giré y miré al otro lado. Ahí estaba, alejándose. Ese auto beige estaba alejándose y aún en su propio carril. No podía entenderlo. No era posible.

«¿Había podido, de alguna manera, girar bruscamente alrededor de mí y se las había arreglado para regresar a su propio carril sin perder el control de su auto? ¿Había podido hacer todo eso sin que yo lo viera suceder? ¿Había ahí siquiera espacio suficiente para que hiciera eso?»

La respuesta a todas esas preguntas definitivamente es «no». Cuando volteé y vi el coche alejándose, estaba justo ahí, no a un cuarto de kilómetro por la carretera, sino «justo ahí».

Claramente, de alguna forma había conducido justo a través de mí, pero mi mente rechazó por completo esa solución. Miré la cara del tipo, ahora ubicado ante un letrero de alto, e intenté leer su expresión. «¿Había visto lo que acababa de suceder? Debía haberlo notado». Muchas, muchas veces, pensé en ir con él para preguntarle qué había atestiguado. Era un tipo local, y ciertamente hubiera podido hacerlo, pero nunca olvidé cómo se veía. Estaba mirando al frente sin ningún tipo de expresión, casi con una mirada de ensueño sobre su rostro. No tuve que preguntarle nada. Creo que su respuesta hubiera sido bastante obvia.

A decir verdad, no era la primera vez que tenía una experiencia de ese tipo, y no fue la última. Evidentemente, tenía ángeles demasiado buenos vigilándome. ¿O eran ellos, los extraterrestres protegiendo a su espécimen?

Vuelta cerrada sin ayuda—1979

Cuando tenía 29 años, trabajaba en el centro de Madison y realizaba el viaje diario de 30 minutos. Cualquiera que me conozca sabe que me gusta manejar rápido, siempre me ha gustado y aún lo hago. Una mañana estaba conduciendo mi nuevo Pontiac Grand Prix hacia el trabajo, tomando mi ruta habitual, que consistía en calles secundarias, atajos que me permitían manejar más rápido que el límite de velocidad. Como siempre, después de bajar por una pendiente larga y suave, tenía que tomar una decisión. Al pie de la colina, en donde se nivelaba, había un cruce. Podía continuar derecho, o podía girar hacia la izquierda. Cualquiera de los dos caminos me llevaba a mi destino.

Iba al menos a 100 kph bajando por esa colina, así que, a pesar de que había planeado de cierta forma tomar la vuelta, de último segundo decidí, ya que iba tan rápido, sencillamente seguir derecho. Pero eso no fue lo que ocurrió. Al pie de la colina, justo cuando llegué al cruce con la carretera que había decidido no tomar, mi auto, de pronto y demasiado abruptamente, redujo la velocidad.

Nunca olvidaré el sonido del radio cuando cambió, se escuchó bastante parecido a cuando sumerges tu cabeza en agua. La voz del locutor sonó: «eeerrruuuppp», y se tornó profunda y ridículamente lenta, como la cinta de un casete que se había roto y rodaba hasta detenerse. No me dio mucho tiempo para intentar asimilar todo eso, porque ahora el coche comenzaba a girar. Miré mis manos sobre el volante, y esto es algo que nunca olvidaré, porque fue tan extravagante, pero mis manos nunca movieron el volante. Se mantuvieron exactamente en la misma posición en que habían estado, mi mano derecha sobre la parte superior del volante y mi mano izquierda más abajo ya que mi codo estaba apoyado sobre el descansabrazos de mi puerta.

Un auto estaba situado ante el letrero de alto, y había una joven en él. Giré mi cabeza hacia ella, pero todo sucedió en cámara lenta.

Intenté gritarle «¿qué está sucediendo?»

Pero, en lugar de eso, mi boca formó las palabras demasiado lento y sonaron como las del locutor en la radio. Lento, muy, muy lento y profundas. Hubiera sido gracioso de no ser tan extraño y aterrador. La sensación de la totalidad del evento fue como si la mano de un gigante estuviera sobre mi carro y girándolo, bastante similar a como hacía yo con mis autos de juguete.

Cuando niña, siempre había sido frustrante para mí que las llantas delanteras de los carros de juguete no giraran, así que tenías que inclinar el coche en las esquinas de las carreteras de fantasía. Así fue exactamente como se sintió todo esto, estaba siendo maniobrada por la curva, ¡pero mi coche no estaba realmente más involucrado de lo que yo estaba! Después, cuando mi vehículo había girado por completo y se alejaba por la recta, fue liberado de lo que sea que lo estuviera sosteniendo. El radio se aceleró hasta una velocidad normal y mi auto inmediatamente aceleró hasta la velocidad a la que yo había ido antes. Al haber sucedido tan repentinamente, mi cuerpo fue empujado hacia atrás contra el asiento.

Rápidamente presioné el freno ya que tenía la intención de regresar y hablar con la joven situada ante el letrero de alto, antes de que se marchara. Quería saber qué había visto. Miré por mi retrovisor para asegurarme de que aún estaba ahí, y ahí fue cuando lo noté. Movimiento al borde de la carretera.

Giré mi cabeza y vi a través de mi ventana del copiloto; mi corazón comenzó a latir muy fuerte ante lo que vi ahí. ¡Un tren corriendo por las vías! ¿Qué? ¿Esas vías de tren estaban en uso? No tenía ni idea. Me giré y miré hacia la intersección para ver si la barrera del cruce de trenes había bajado, ¡pero no había ninguna! No sólo no había barrera, sino que el tren estaba por la intersección, de hecho, la máquina ya había cruzado. De haber seguido derecho, me hubiera precipitado hacia el costado del tren, a 100 kph. Me hubiera matado. Me detuve a un lado de la carretera. Mis manos estaban temblando y mis entrañas revueltas. «Mis preciosas bebés quedarían sin madre»; eso fue todo lo que pude pensar.

Estuve conmocionada todo el día y apenas y pude funcionar en el trabajo. Hubo un momento en que comencé a dirigirme hacia mi supervisora para contarle lo que había sucedido, pero me di cuenta de lo loca que sonaría mi historia. Obsesivamente la repasé una y otra vez a lo largo del día. Más tarde, me molesté. ¿Por qué no había ninguna señal ni advertencia de ningún tipo en ese cruce? Algunos días después hice algunas llamadas e intenté reportarlo con alguien, pero recordé el sentimiento de impotencia al no encontrar a nadie a quien pareciera importarle.

No había un día que transcurriera, durante al menos dos, posiblemente tres años, sin que yo pensara sobre ese incidente. Era un misterio para mí. Me preguntaba cómo había sucedido. Qué o quién había hecho que sucediera, y me preguntaba por qué se me había salvado la vida. No le dije a mucha gente sobre eso. Ni siquiera estoy segura de haberlo mencionado a mi esposo. Se sentía demasiado sagrado. Hablar de eso parecía que fuera a trivializarlo, y supongo que quería mantenerlo entre Dios y yo por un tiempo.

Tuve otro incidente asombroso a medida que manejaba por el desierto de Arizona en 2008, y compartiré eso con ustedes en un capítulo posterior. Fue justo igual de dramático y tan claro, pero, nuevamente, no era mi hora. Recuerdo haberle dicho a alguien que, si hay una ventaja en todo este asunto del contacto ovni, es que estás siendo vigilado y protegido.

Sí, te llevan a bordo de sus naves y realizan cosas extrañas e intrusivas sobre tu cuerpo, pero la otra cara de la moneda parece ser que no permiten que te enfermes ni que te suceda nada grave. Y, por encima de todo, te enseñan técnicas de autosanación. Claramente, no quieren que vayas y te mueras antes de que hayan terminado contigo, al menos esa ha sido mi opinión con todo esto. Me gustaba más cuando pensaba que era un ángel o Dios quien me salvaba de mi conducción perversa, pero le apuesto a los grises por eso.

*El primer gran mandamiento es
no permitir que te asusten.*
Elmer Davis

CAPÍTULO 9:
Por favor, solo pónganme en una habitación acolchada

Comienzan las lecciones—otoño 1988

Vivir con las visitas numerosas de los grises fue simple y llanamente exhaustivo, sin mencionar aterrador, bizarro, desconcertante, impactante y un gran reto de vida. Era septiembre de 1988 y mis recuerdos de abducciones habían sido revelados hacía apenas cinco meses. Había sido un rápido deterioro de mi vida. Ya no me sentía segura en ningún lado. Tenía una preocupación constante por mis niñas. Mi matrimonio prácticamente se había terminado. Mis relaciones estaban tensas. Mi reputación en mi comunidad estaba manchada. Mi comprensión de la realidad y de lo que siempre había considerado como verdad, había sido arrasada. Sentía que no tenía en dónde buscar ayuda. Es difícil encontrar las palabras para explicar cuán difícil fue salir al mundo cada día y presentar una cara normal, mientras estás teniendo esas cosas extremadamente raras sucediendo en tu vida.

Mientras tanto, mi relación con los chicos comenzó a cambiar, y yo me estaba volviendo más y más consciente de su contacto. Ese otoño, en 1988, comenzaron conmigo un proceso de «entrenamiento».

Yo solo sabía que estaba pasando demasiado tiempo con ellos, tanto que comenzaba a sentirme como un alien en mi propio mundo.

Ilusión de tiempo—el incidente del tiempo secuencial

Comenzaron a enseñarme sobre la ilusión del tiempo. Acorde a ellos, el tiempo no existe; sólo la medida del tiempo es lo que lo hace parecer real para nosotros. Creemos que, por tener un aparato (reloj), que parece romper el momento eterno del «ahora» en aparentes momentos separados del «ahora», entonces significa que el tiempo es real. No lo es. Nosotros hemos creado el tiempo, y podemos controlarlo, si se le puede llamar así.

Esta lección se llevó a cabo junto con continuas discusiones sobre el poder de nuestras mentes. Para probarme que el tiempo no existe, comenzaron a hacer «olas» con mi tiempo. Es decir, comencé a experimentar la atemporalidad. Cuando comenzó, para llamar mi atención, los relojes siempre aparecían en secuencia, sin importar cuándo los checara. Me despertaba por la noche con la urgencia de mirar el reloj, y serían la 1:23 o 2:34, o algún otro número secuencial. Algunas veces sucedía en sentido contrario; 4:32 parecía ser una de sus favoritas. Nunca fui capaz de pillar el reloj sin estar en secuencia, por hasta cuatro o cinco días. Y lo intenté. Eso estuvo a punto de llevarme al límite. De hecho, continuó por más de tres semanas, en las que raramente miré un reloj digital sin que estuviera en secuencia. Eso es mucho tiempo y estaba comenzando a sentirse como tortura.

Recuerdo un día durante ese entrenamiento, en el que estaba sentada en mi escritorio, esperando hasta estar absolutamente segura de que no eran cerca de las 12:30, antes de salir para almorzar. La secuencia 12:34 había sido particularmente intensa últimamente, y yo sabía que, si la veía una vez más, enloquecería por completo. Tentativamente miré el reloj de pared en mi oficina, que era un reloj pasado de moda con manecillas. Esperé hasta que fueran al menos las 12:45, antes de caminar hacia mi coche para manejar hacia casa.

Ahora bien, el día anterior había salido más temprano, alrededor de las 12:15, pensando que pasaría por alto la terrible secuencia de 12:34, pero había aparecido ahí, en el reloj digital de mi auto, como siempre. Así que me imaginé que estaría bastante segura al salir así de tarde. Aun así, hice lo posible por evitar mirar el reloj en mi coche y avancé unas cuantas cuadras, pero de nuevo miré. Recuerdo exactamente en dónde me encontraba, detenida ante la señal de alto por la oficina postal y, a pesar de mi mayor esfuerzo, miré el reloj.

Pueden estarse preguntando cómo es posible eso, cómo no pude controlar una cosa tan simple. Pero yo les respondería señalando que esa era la menor de mis preocupaciones. Yo no podía controlar ningún aspecto de lo que me estaba sucediendo, mucho menos este asunto aparentemente menor. Ellos querían que yo aprendiera algo, así que iba a aprenderlo. Fin de la discusión.

Reí amargamente cuando vi los números digitales, verdes, 12:34, en el reloj. Realmente tenía ganas de llorar, gritar, correr. Pero, a decir verdad, estaba bastante abatida en este punto, y tenía solo energía suficiente para permitirme una risa sarcástica.

Conduje el viaje rápido de cinco minutos hasta mi casa y entré a la cochera. Permanecí dentro del auto. Me negaba a salir. Sabía lo que me esperaba en la cocina, dos relojes digitales más. Para entonces, sabía en dónde estaban todos los relojes digitales. Así que permanecí en donde estaba por cinco minutos completos más. Luego, salí, caminé fuera de la cochera y a través del patio trasero hacia mi pequeño jardín. Pasé al menos otros diez minutos deshierbando y recogiendo unos pocos tomates y pimientos. A medida que caminaba hacia mi terraza posterior, supe que vería los relojes digitales al entrar, pero también sabía que no sería posible que estuvieran en secuencia. Era bastante pasadas las 12:34, y aún faltaba para la 1:23. Creía que quizá había podido romper la maldición.

Llegué a la puerta trasera y caminé hacia la cocina sin miedo. Estaba tan segura de estar a salvo. Mi manojo de vegetales cayó al piso cuando me quedé quieta mirando los relojes. Ambos decían 12:34. Claro que era imposible, pero eso no importaba.

Esta manipulación del tiempo parecía durar una eternidad. Me distrajo tanto que les rogué que se detuvieran. Y luego amenacé con matarme si no lo hacían. Sé que no suena como si fuera una cosa tan horrible o espantosa por soportar, sin embargo, lo era. Quizá fue la gota que derramó el vaso, o quizá era solamente la locura de eso. Lo que sí sé, es que era un recordatorio constante de lo que me estaba sucediendo. Simplemente no había escapatoria. ¿Cuántas veces al día revisaba el reloj? Y me despertaba por la noche por lo menos una vez, pero usualmente más, con una compulsión por checar la hora. Creo que fue la naturaleza incesante de la experiencia, lo que me llevó a distraerme y me hizo sentir tan fuera de control. A medida que pasaba por esa experiencia, no comprendí lo que significaba todo eso.

Hablé con mi grupo acerca de eso, y especulamos que quizá, cierta secuencia numérica estaba destinada a desencadenar una respuesta emocional preestablecida en mí, ya que sabíamos que estaban estudiando al humano y todos sus atributos, pero eso nunca resonó conmigo, ya que la única respuesta emocional que tuve fue enojo y frustración.

La píldora de recuerdos que se disuelve lentamente

La claridad sobre lo que significaba todo eso, vino años más tarde. Las lecciones parecían estar enterradas a gran profundidad, pero eventualmente, buscarían su camino hacia la superficie y me encontraría a mí misma «recordando» ciertas cosas que se me habían dicho. De nuevo, no siempre sabría quién, qué o dónde se me había dicho esa información, pero la aceptaría como verdad a pesar de que aparentemente apareciera de la nada y, en ocasiones, fuera radicalmente contrastante con lo que habían sido mis recuerdos previos.

Es algo difícil de describir, pero así es como parece funcionar. Es como si hubieran puesto una tableta en mi mente, una tableta como una aspirina, y ésta se disuelve muy lento con el paso de tu vida, y la información que contenía esa tableta se filtra hacia tu cerebro o consciencia y se vuelve conocida para ti. Casi se siente como si siempre hubieras sabido o entendido esa pieza de información, pero sabes que no, al menos no en la superficie, y, sin embargo, está esa sensación de que siempre estuvo ahí, sólo que enterrada muy profundamente. Parece haber funcionado en ese asunto del tiempo, porque eventualmente llegué a entender la lección, la cual era que ni el tiempo ni el espacio existen, y que realmente tenemos la habilidad de controlarlos.

Mayor intuición y capacidad de sanación

Siempre me habían dicho que nuestros cuerpos estaban bajo el mando de nuestras mentes y que era un proceso sencillo el sanar cualquier malestar del que estuviéramos convencidos que estábamos padeciendo. De hecho, siempre he tenido recuerdos conscientes de realizar unas pocas sesiones de autosanación, siguiendo las técnicas que ellos me enseñaron. Lo que nunca supe, al menos hasta antes de mis regresiones, era «quién» me había enseñado ese método.

Durante ese periodo de tiempo, mientras mi implicación con los grises era tan intensa, noté que mi lado intuitivo, así como mi habilidad para sanar, habían aumentado en gran medida. También encontré que podía «escuchar» los pensamientos de las personas. Parece algo intrusivo, pero en realidad no se sentía de esa forma para mí. Estaba bastante sorprendida la primera vez que sucedió. Fue diferente a obtener una impresión sobre lo que alguien estaba pensando, basándonos en su expresión facial o ademanes. Literalmente «escuchaba» la voz de la persona dentro de mi cabeza, como si hubieran hablado en voz alta.

Sus visitas fueron bastante intensas a lo largo de todo el año de 1988, pero especialmente durante verano y otoño. Yo experimentaba tiempo perdido durante el día, tanto como tenía visitas durante la noche. Desarrollé una relación de amor/odio con ellos. Estaba extremadamente frustrada de que sus visitas tuvieran que ser tan encubiertas, y yo les hice saber que quería que ellos vinieran a mi casa una tarde de domingo, tocaran el timbre, entraran y me visitaran como es debido.

Su respuesta fue que ellos no podían hacer eso. Las diferencias vibracionales requerirían que se me pusiera en un estado alterado mientras estaba en su presencia, durante cualquier lapso de tiempo. Y que yo no estaba tan preparada emocional ni mentalmente como lo creía, para que ellos se mostraran en mi puerta principal. El factor miedo aún era alto.

Permítanme explicarles a lo que me refiero cuando les digo que les pedí venir a mi casa y que ellos me respondieron. La comunicación mente a mente, que tuvo lugar cuando estaba con ellos, estuvo también disponible para mí en ocasiones cuando no podía verlos físicamente. Pero, definitivamente, hubo momentos en los que yo supe que estaban demasiado cerca, y me volví bastante buena notando las señales. El aire a mi alrededor parecía hormiguear, y estaba ese sexto sentido de consciencia de su presencia.

También «escuchaba» a Da hablándome en momentos aleatorios. La primera vez sucedió cuando estaba conduciendo por mi calle, y su voz vino desde atrás de mí. Pisé de golpe los frenos y giré alrededor en mi asiento, esperando verlo. Este episodio sucedió a principios de primavera y probablemente se suponía que me debía consolar, pero tuvo el resultado opuesto.

Lo que me dijo él fue simple: —Sherry, recuerda que tú eres especial.

Mi reacción fue de enojo y frustración, y respondí a gritos. —¡Bastardo! ¡No me seas condescendiente!

Esperé por una respuesta, pero no vino ninguna. Así que, en el silencio, dije: —Sólo déjanos a mí y a mi familia en paz.

Permanecí sentada en la cochera, mientras intentaba calmarme. Pensé sobre lo familiar que sonaba su voz para mí y cómo la había escuchado con tanta frecuencia a lo largo de mi vida, especialmente cuando era una niña pequeña. Comencé a arrepentirme de mi dura respuesta. Muchas veces reflexioné sobre ese incidente, deseando haber reaccionado diferente.

«¿Qué hubiera pasado si hubiera estado tranquila y hubiera respondido de manera civilizada? ¿Qué clase de conversación hubiéramos tenido? ¿Qué hubiera yo aprendido? Ciertamente, hubiera podido hacer preguntas o ganado comprensión sobre lo que me estaba sucediendo».

Había estado rogándoles para que me trataran de forma cortés, consciente, en lugar de ponerme en un estado alterado, sin embargo, cuando él lo hace, yo me pongo histérica. Iba en contra de mi naturaleza el ser de esa manera, pero dados los límites hacia los que había sido empujada, no creo que fuera una reacción totalmente irrazonable.

Incidente de pasos atronadores

Fue durante el periodo de los incidentes del tiempo secuencial, que tuve una interacción bastante extraña con ellos. Era un viernes por la tarde, y estaba sola en casa. Sabía que ellos estaban cerca, y comencé a sentirme bastante ansiosa por eso. Caminaba de un lado a otro, sabiendo que estaban planeando una de sus visitas para más tarde esa noche. Salí al balcón de la habitación que daba hacia la ladera boscosa, detrás de nuestra casa, e inmediatamente sentí que ellos estaban allá afuera observándome. Juro que realmente pude olerlos en esa ocasión.

En algunas ocasiones tienen un aroma único. No siempre, pero estaba ahí en ocasiones. Me recuerda cuando era niña y en el otoño empujaba todas las hojas caídas hacia una pila, y me enterraba a mí misma en ella. Así era como ellos olían, hojas de otoño húmedas, pero con un poco de aroma a especias añadido. Así que miré hacia el bosque y escaneé la ladera lo mejor que pude. En parte, esperaba ver su nave plateada asentada en algún lado entre los árboles, o flotando sobre sus copas.

—Sé que están ahí —dije calladamente.

Silencio. Pero los sentía acercándose.

—Sé que están ahí, cobardes —repetí, un poco más fuerte.

Nada. Ahora el vello en la parte trasera de mi cuello comenzaba a cosquillear, estaban muy cerca.

—¡Son unos cobardes, eso es lo que son! ¡Mírenme! ¡Me tienen miedo! ¡Tienen que esperar hasta que esté dormida, antes de que vengan arrastrándose hacia mi habitación para sacarme de mi cama! ¡Cobardes!

Los árboles crujieron como en respuesta.

—¡Cobardes! —continué mi diatriba, con mi voz en aumento.

Comencé a reír. Estaba actuando con locura, lo sabía, pero se sentía bien ser el atormentador en lugar del atormentado. Me sentía empoderada. Sabía que ellos estaban ahí afuera observándome, y sabía que podían escuchar mi desafío. Me detuve a escuchar y observar atentamente hacia los árboles, queriendo, pero no queriendo verlos. Todo estaba en calma y había una brisa débil. El vello de mis brazos se erizó y me sentí muy intranquila. Entré a la casa y me senté con las piernas cruzadas sobre la cama, de frente hacia la ladera boscosa. Me reí nerviosamente y continué con mi hostigamiento. De pronto, hubo un fuerte estruendo. Me quedé helada.

«¿Qué diablos fue eso?»

Se escuchó de nuevo, sonido de grandes pasos, esa es la mejor forma de describir el sonido destructivo que había comenzado en los árboles. Parecía como si un animal masivo se estuviera abriendo camino a través del bosque.

Recuerdo haber pensado que incluso un elefante no hubiera hecho semejante sonido. Esto tendría que ser un dinosaurio gigantesco.

Miré atentamente hacia los árboles, temerosa de lo que estaba por ver, pero todo estaba en calma. Sin embargo, el sonido continuó. Eso, lo que sea que fuere «eso», se estaba acercando a medida que aumentaba el sonido atronador.

Me reí ante lo absurdo que eso era. No estaba dispuesta a dejarles ganar esa batalla. Amaba cómo se había sentido, esa sensación de control, y no me iba a rendir fácilmente. Sabía que ellos no me lastimarían. Era solamente un ruido, ellos lo estaban creando, era inofensivo.

Comencé nuevamente mi diatriba, gritando por encima del ajetreo. —¡No tengo miedo! Ustedes son los cobardes.

Eso siguió por un tiempo. No podría decir exactamente cuánto duró, quizá de tres a cinco minutos. Era asombroso cuán fuerte se volvió el estruendo. Estaba segura de que pronto vería árboles derrumbándose, ya que el sonido era así de estrepitoso y destructivo. Salté de la cama y miré hacia afuera, intentando ver en dónde estaban, ver lo que estaba sucediendo. No podía creer que no hubiera cambios en el paisaje. Me lancé de nuevo a la cama, decidida a mantenerme firme.

Ahora el sonido se hizo aún más fuerte, tanto que comenzó a reverberar dentro de mí. Penetraba todo. Se sentía como si golpeara contra mi cuerpo, sacudiendo la casa desde sus cimientos. Era ensordecedor.

De pronto, me di cuenta de a qué me estaba oponiendo.

«¿Qué hacía yo enfrentándome a estos chicos? ¿Estaba yo loca?» Me derrumbé en la cama y cubrí mi cabeza mientras les rogaba que se detuvieran.

—Ustedes ganan —dije dócilmente—. ¡Ustedes ganan! Los «sentí» sonriendo.

Nueva serie de lecciones

Pronto, ellos comenzaron una nueva serie de lecciones. Las del tiempo secuencial incluyeron la idea de que el tiempo y el espacio son una ilusión, así como el refuerzo de lecciones que me habían dado durante toda mi vida sobre el poder de la mente y las «Tres cosas importantes por saber». Ellos no te enseñan de la misma forma en que a nosotros se nos enseña en la escuela por un maestro. Como expliqué previamente, ellos de cierta forma dejan caer la información en tu cabeza, muy similar a una computadora que está descargando un programa nuevo. Pero, en ocasiones, ellos complementan el programa recién descargado, proveyéndote detalles y ejemplos.

Esos ejemplos llegan en forma de «experiencias», (tales como el calvario del reloj secuencial), que están ahí para simplemente reforzar lo que ellos intentan transmitirte; y «demostraciones» sobre lo que se te está proveyendo en forma de «conocimientos». Esas son ilustraciones y/o soportes visuales de lo que estás aprendiendo. Lo «técnico» de lo que quieren que sepas, simplemente es puesto dentro de tu mente a través del proceso de descarga. Es por eso que pareces recordar algo que aprendiste, pero no siempre tienes un recuerdo claro de cuándo o bajo qué circunstancias lo aprendiste.

Muchas, muchas veces, yo solo sabía que se me había dado nueva información cuando me escuchaba a mí misma comenzando a explicar algo de lo que previamente no tenía conocimiento, o muy poco conocimiento. Una de las cosas más raras que he escuchado de mí misma diciéndole a una amiga, fue el funcionamiento bastante detallado de un platillo volador típico. Utilicé palabras que ni siquiera sabía que existían, mientras proseguí durante un buen rato, dándole detalles intricados de cómo operan. Fue interesante y todo me hizo perfecto sentido en ese momento, a pesar de no estar segura de que ahora mismo pudiera sacar esa información a la superficie con tal claridad.

Lecturas de luz

En retrospectiva, el aprender a ser un «lector de luz», resultó ser mi lección favorita de ellos. De nuevo, todo el tiempo que pasé por esa lección, estuve tan confundida y en un estado tan temeroso, que lamento haber perdido la oportunidad de sacarle más provecho a la experiencia. Llegó pisándole los talones a los incidentes del tiempo secuencial, y me encantó, me asustó, me intrigó y me asombró, todo al mismo tiempo.

Una mañana entre semana, estaba ante mi escritorio haciendo algo de papeleo, cuando un caballero mayor y su esposa entraron para hacerme algunas preguntas de bienes raíces. Él era muy vigoroso y lleno de juventud, tal como su atractiva esposa.

Me puse de pie para saludarlo y, mientras extendía mi brazo para estrechar su mano, lo miré a los ojos e inmediatamente recibí el mensaje: «Tú te quedarás».

Tuve el más fuerte impulso por decirlo en voz alta, pero me contuve. Después, saludé a su esposa y, a medida que miraba sus ojos, recibí el mismo mensaje. Podía «ver» su luz y sabía que su «lectura de luz» era alta. Así que ellos se quedarían. Se quedarían en dónde, no parecía saberlo por el momento, y me obligué a concentrarme en lo que ellos estaban diciendo.

Me estaban haciendo preguntas acerca del mercado de bienes raíces, preguntas generales que yo contesté con facilidad, y luego se marcharon.

Inmediatamente pensé: «¿De qué se trató todo eso?»

Para mi sorpresa, recibí una respuesta.

Instantáneamente «recordé» a Da explicándome que estaría haciendo algunas lecturas de luz por dos sesiones de medio día, solo para darme un repaso de cómo sería hacerlo, en caso de que surgiera la necesidad de hacerlo en un futuro. Me había explicado que, de hecho, vería la energía vibracional del espíritu de la persona y, mientras más alta fuera la vibración, más alta sería la lectura de luz. A aquellos con las lecturas más altas, se les permitiría quedarse, y a aquellos con las lecturas de luz más bajas, no se les permitiría permanecer aquí.

—No hay ningún juicio de lo bueno o lo malo en nada de esto —recalcó—. Aquellos con las lecturas de luz más bajas sólo necesitan más tiempo para desarrollarse y aprender sus lecciones. Lo positivo y negativo se han separado demasiado; ya no pueden ocupar el mismo espacio. Piensa en eso como los extremos de dos imanes que se intentan juntar.

—Y, mientras decía eso, se me mostró una imagen de dos imanes repeliéndose.

»¿Ves cómo lo positivo y negativo no pueden ocupar el mismo espacio? Pasa lo mismo con la humanidad. Hay mucha gente que está en un nivel en el cual están listos para vivir en paz y armonía, junto al planeta y a otros seres vivos. Pero hay aquellos de vibración más baja, que aún creen que la guerra y violencia son necesarias. Sus lecciones necesitarán seguir hasta que ellos también alcancen la vibración alta, cosa que harán, ya que todos deben evolucionar.

Yo permanecí ante mi escritorio, asimilando todo esto, fascinada por lo que estaba aprendiendo, o recordando.

Da prosiguió: »No queda mucho tiempo, y parece que la humanidad no alcanzará el punto crítico, aunque pudiera ocurrir. Si suficientes humanos alcanzan un cierto nivel de vibración, tiene el efecto de jalar hacia arriba a los de menor vibración. No se le permitirá a la humanidad que se destruyan a sí mismos ni que retengan atrás al planeta, «nuevamente». Por lo tanto, si no alcanzan el nivel de saturación, a todos y cada uno de los seres humanos se les dará la opción de permanecer o dejar el planeta. Es una verdad absoluta que la Tierra se moverá hacia una vibración más alta, y aquellos que no sean capaces de sobrevivir ese cambio, debido a su baja frecuencia, serán llevados a un lugar nuevo para continuar su crecimiento a su propio ritmo, sin interferir con la evolución de la Tierra ni con el derecho de sus compañeros humanos de vivir en paz.

Yo estaba maravillada. La enormidad de eso me abrumó, y también me sentí temerosa.

«¿Cuándo era esta fecha límite para la humanidad? ¿Cómo se sacaría a la gente del planeta? ¿Vendrían naves espaciales y recogería familias, o quizá algunos miembros de cada familia, mientras dejaban a otros detrás? ¿Cómo podría suceder esto? ¿En dónde quedaba el libre albedrío? ¿En dónde estaba Dios en todo esto?»

Mis preguntas quedaron sin respuesta. Sabía todo lo que necesitaba saber en ese momento.

Las lecturas de luz continuaron hasta el almuerzo. Me encantaba, en serio. Había algo acerca de ver el espíritu de una persona en sus ojos. Fue una gran lección. Resultó que el primer hombre a quien conocí esa mañana, tuvo la lectura de luz más alta de todos con quienes me encontré.

Al día siguiente, todo comenzó de nuevo. No se me permitió leer a mis propias hijas o a mi futuro ex marido. Eso fue bueno. Era interesante cómo funcionaba todo eso.

Miraba a alguien a los ojos y, en realidad, no tenía ni siquiera que pensar en nada. Simplemente ahí estaba; yo «veía» su luz, y las palabras «tú te quedarás» o «tú te marcharás», se escuchaban en mi cabeza.

Cuando reflexionaba sobre esa experiencia o cuando le platiqué a Vicky sobre eso, me confundía, creyendo que marcharse sería la mejor opción, así que creía que las lecturas más altas serían de quienes se marcharían y las bajas de quienes se quedarían.

Recordé el incidente con ellos de cuando me mostraron la Tierra en llamas. Nunca jamás olvidé esa visión escalofriante, así que realmente pensé que no tenía sentido que aquellos de vibración más alta fueran quienes tuvieran que experimentar las terribles cosas que yo había visto. Me parecía lógico que las lecturas de luz más altas pertenecieran a aquellos a quienes se les permitiría irse para no experimentar ese trauma. Años después, obtuve una comprensión más clara sobre cómo podría funcionar todo esto, pero en ese momento me preocupó bastante.

Si bien me encantó la experiencia de leer la vibración de las personas, quedé hecha pedazos por la información que acompañaba esa lección. Seguía tratando de averiguar cómo iba a funcionar todo eso. Se parecía demasiado a una película de ciencia ficción, y estaba profundamente consternada por mis hijas y por el planeta entero.

Creencias de Dios

En ese entonces yo no tenía una idea clara de Dios. Es decir, no había llegado realmente a una conclusión en cuanto a lo que yo creía y, en ese momento, me estaba arrepintiendo mucho de eso. Mis creencias habían sido un trabajo progresivo, pero ahora necesitaba algo sólido en qué basarme, pero no encontré nada. Al menos nada que abordara todas las preguntas que yo tenía sin responder, respecto a todo lo que estaba aprendiendo en ese momento. Había dejado la iglesia a los quince años de edad, que fue lo más pronto que mis padres me permitieron liberarme de ese compromiso. Las enseñanzas religiosas no encajaban bien conmigo; toda esa charla de culpa y pecado.

Recuerdo tener no más de seis o siete años, cuando estaba sentada en el reclinatorio con mi maestra de mi escuela dominical. Estábamos ensayando para el programa de Navidad. Era una época tan excitante para un niño. La iglesia olía a pinos, un claro indicio de todas las cosas buenas que vendrían. Me encantaba observar la gran imagen de Jesús con los niños, junto con el león y el cordero. La miraba cada vez que mis padres nos obligaban a sentarnos durante un oficio religioso. Amaba a Jesús y sentía como si lo conociera.

Ese día no pude verlo desde donde estaba sentada, el gran árbol de Navidad estaba tapando mi vista. Miré alrededor del santuario y estudié los vitrales. Una por una, comencé a mirar otras imágenes que alcanzaba a ver desde ese nuevo ángulo, cuando otra ilustración, detrás del órgano, atrajo mi atención. Nunca antes había notado esa. Era otro cuadro de Jesús, pero él parecía estar teniendo dolor, y yo me estaba preocupando por eso. Mi hermoso Jesús estaba sangrando y sufriendo. ¿Por qué diablos tendría una iglesia una representación semejante? Era violenta y monstruosa para mí, tanto como repugnante, era como si estuvieran glorificando su dolor. Yo estaba angustiada.

Le pregunté a mi maestra de la escuela dominical qué le estaba sucediendo.

—Lo pusieron en la cruz y él murió —contestó ella.

Yo estaba horrorizada. —¿Por qué? ¿Quién hizo eso y por qué hay una imagen sobre eso?

Ella me calló, pero yo persistí.

—Murió para que tu puedas tener vida eterna —susurró finalmente, inclinándose hacia mí.

—¿Qué? —Yo estaba indignada y tiré de su manga—. ¿Por qué? —pregunté desesperada.

—Porque nacemos como pecadores y él tuvo que morir para salvarnos. Jesús murió para salvarte de tus pecados —dijo ella.

Ahora bien, yo podría haber sido una niña muy pequeña, pero sabía reconocer una sarta de mentiras cuando las escuchaba. Y eso sencillamente no era verdad. Más tarde, cuando estaba en quinto grado, aprendí la palabra «propaganda». Me di cuenta de que esa era la palabra perfecta para las tonterías que mi maestra de escuela dominical me había dicho.

Incidente con mi hermano

Todo lo que me había estado sucediendo, eventualmente me afectó. Intentando darles sentido a los incidentes de números secuenciales y después la idea completa sobre la información que me dieron respecto a las lecciones de lecturas de luz, era demasiado. La ruptura de mi matrimonio, el miedo por mis hijas, la pérdida de mi vida normal y su continuo hostigamiento, me empujaron al borde. Me había prometido a mí misma que no sería una carga para nadie con lo que estaba yo pasando, pero rompí esa promesa.

Era otra noche de viernes y yo tenía que hablar con alguien. Estaba terriblemente asustada. Sabía que ellos estaban por venir, y yo estaba corriendo como loca. Mis hijas estaban en casa de sus amigas y yo estaba sola. Simplemente me subí a mi coche esa noche, alrededor de las 9:00, y comencé a conducir. No sabía a dónde me dirigía. Comencé yendo hacia casa de mis padres, pero instintivamente supe que eso no sería bueno. No encontraría nada de consuelo ahí.

Di vueltas por el pueblo como una mujer loca, sin saber a dónde ir ni qué hacer. Busqué en mi mente por alguien o algún lugar a donde ir, que pudiera ser seguro. En mi locura, conduje por la casa de mi hermano menor. La rodeé algunas veces. No éramos así de unidos; en realidad solo lo veía en festividades, pero yo estaba desesperada. Estacioné en su cochera y toqué el timbre en su puerta.

Él aún estaba despierto, pero su esposa se había ido a dormir. Comencé a hablar, mejor dicho, divagar. Dudo haber tenido sentido. Le platiqué sobre mi miedo y le pregunté si podría quedarme ahí a pasar la noche. ¿Haría él todo lo posible por mantenerlos a ellos alejados de mí?

—No dejes que me lleven, por favor —lloré.

Sabía que él estaba al tanto de las cosas que yo había estado experimentando, pero nunca habíamos hablado sobre eso. Estaba bastante segura de que su actitud seguramente coincidiría con la que mis padres habían tomado, que yo estaba imaginando o exagerando desproporcionadamente algunos incidentes menores. Pero, esa noche no me importaba si él me creía o no; me sentía tan sola, tan asustada, tan desesperada. Lo sentía a él como mi única oportunidad para estar a salvo.

Mi hermano puso sus brazos alrededor de mí y me dijo que estaba bien. Yo estaba a salvo. Eso era exactamente lo que yo quería escuchar, y me rompí en pedazos cuando escuché esas palabras. Todo mi interior se derritió a medida que el miedo comenzó a disiparse. Ya no estaba sola. Tenía un protector. Sabía que él realmente no podría mantenerlos alejados, pero al menos yo no los enfrentaría sola esa noche. Era un alivio.

Yo estaba llorando sobre su camisa, mojándola con mis lágrimas, cuando lo escuché diciendo unas palabras que no tenían nada de sentido. Contuve mi aliento.

«¿Qué estaba diciendo?»

Me aparté para escuchar con más claridad.

«Esto no estaba sucediendo, por favor, Dios, esto no está sucediendo. ¿Por qué me estaba regañando?»

Las palabras eran horribles, diciendo que yo siempre había pensado que era mejor que todos los demás.

—Especial, ¡eso es lo que crees que eres! ¡Eh! ¡Bueno, pues no lo eres! ¿Quién te crees que eres? Y tus hijas también. Todos ustedes yendo por ahí con la frente en alto. Yo me quedé helada. Le supliqué que parara, era tan surreal que él se volviera contra mí de esa forma. Quería volver a lo que había sido hacía apenas un minuto, pero él estaba implacable. Era como si una tapa se hubiera abierto en él, y no pudiera detenerse, aunque quisiera. Años de ira reprimida salió de él, y yo era el blanco. Frenética, salí corriendo de la habitación, por las escaleras, y fuera de la puerta, mientras él me seguía con su retahíla. Sus palabras se sentían como golpes sobre mi cuerpo, a medida que me trepaba a mi coche.

Él permaneció en el umbral continuando su agresión. —¡Puedes correr, pero no te puedes esconder! —me gritó mientras agitaba el puño hacia mí.

Mis llantas rechinaron mientras giraba para salir de su cochera, con mi corazón latiendo tan fuerte que creí que explotaría.

Decidí suicidarme. En realidad, no creía tener opción. Me dirigí fuera del pueblo para encontrar un gran árbol bonito al que pudiera apuntar con mi coche y acelerar hacia él a unos ciento cincuenta kilómetros por hora. Era un buen plan. Conduje por el tramo de carretera en busca de mi árbol. Estaba aliviada. El dolor y la confusión se irían pronto. Siempre había sabido que el suicidio no era una buena opción para nadie, pero en verdad estaba loca de miedo. No recuerdo gran parte de lo que ocurrió después. Sí recuerdo acelerar alejándome del pueblo, pero las cosas se tornan borrosas después de eso.

Recuerdo una imagen borrosa de mis hijas, formándose entre la neblina que estaba en mi mente, pero realmente creía que ellas estarían mejor sin mí. Sentía que era yo quien estaba llevando esas horribles experiencias a nuestra puerta, y sabía que estaba por hacer lo mejor para todos los involucrados. Estaba determinada.

Obviamente, mi vida no se terminó esa noche. Cómo llegué a casa, no lo sé, pero de alguna forma terminé de vuelta ahí, porque me desperté a la mañana siguiente, en mi cama, con sólo los terribles recuerdos de la noche anterior. De hecho, fui a revisar si mi coche estaba estacionado en la cochera. No recuerdo haber conducido hacia mi casa, y una parte de mí se preguntaba si no había chocado y se me había llevado a casa en un estado inconsciente para dejarme en cama. Una idea ridícula, claro está, pero era la única explicación lógica que podía pensar. Así que ahí estaba otra cosa más por poner en la caja de la confusión que parecía ser la estructura básica de mi vida.

Luché por un tiempo con el trato que me dio mi hermano esa noche. Más que nada, estaba impresionada por eso. Eventualmente, llegué a comprender que él tenía sus propios demonios y que yo ya no podía sostener un rencor hacia él, más de lo que sería capaz de cortar mi propio brazo. Mi hermano era un gran chico con un corazón aún más grande. Siempre había sentido que la vida era dura para él. Usaba el alcohol para anestesiarse contra la inclemencia que él sentía. Como yo, parecía nunca haber encajado del todo en este mundo.

Mi hermano, el anfitrión

Murió repentinamente en 2009. Antes de su transición, lo visité en un hospicio y le pregunté quién se creía que era, yéndose así de pronto.

—¿Quién te dijo que tenías que marcharte tú primero? —le pregunté.

Él me contestó que tenía un trabajo por hacer, un trabajo del otro lado. Yo no debí sorprenderme por su respuesta, pero lo hice. Le pregunté cuál era ese trabajo.

—Anfitrión —me contestó.

Eso hizo que su hija y yo nos riéramos.

—¿Anfitrión como en Walmart? —preguntamos.

—Sip, habrá mucha gente que dejará pronto el planeta, y necesitarán ayuda para procesarlos a todos. Ese será mi trabajo. Necesito ir a capacitarme y prepararme.

De alguna manera, no pude dudar de sus palabras.

Pendiendo de un hilo muy fino

Poco después del incidente con mi hermano, llamé a Vicky y le pedí que nos encontráramos para desayunar. Estoy bastante segura de que nunca se percató de lo cerca que estaba yo del abismo. Ella se rio nerviosamente cuando de dije que estaba segura de estar loca. Le pregunté, ya que era enfermera, sobre cómo hacía uno para internarse. Quería que ella me llevara a Mendota, un hospital local de salud mental.

—Pertenezco a una habitación acolchada. En verdad. Alguien necesita encerrarme en una habitación acolchada —le dije.

Sé que ella pensó que estaba bromeando, sin embargo, ella debió haber visto señales de cuán lejos se me estaba presionando. Le platiqué sobre los incidentes del tiempo secuencial, sobre el asunto de lecturas de luz, sobre el flujo continuo de recuerdos nuevos surgiendo hacia la superficie, «además» de las visitas que estaban sucediendo con tanta frecuencia.

Era más de lo que podía soportar. Podía escucharme a mí misma hablando sin sentido, simplemente saltando de una cosa a la otra. Bendito su corazón. Ella intentó consolarme, pero, ¿qué palabras podía ofrecerme ella en una situación como tal?

Yo estaba pidiendo demasiado. Intenté tranquilizarme y tener una conversación normal mientras terminábamos nuestro desayuno. Nos levantamos para irnos y, a medida que caminábamos hacia la puerta, comencé a entrar en pánico de nuevo. ¡No había resuelto nada! No podía dejarla ir sin una promesa de su parte de que me ayudaría a internarme. Cuando pasamos por la compuerta que daba hacia afuera del edificio, me detuve y giré hacia ella. Le bloqueé la salida y, una vez más, le demandé que me ayudara. Estaba determinada a no dejarla ir sin una solución.

Vi miedo puro en sus ojos. Estaba segura de que ella no tenía miedo «de» mí, sino «por» mí. Eso me golpeó bastante. No quería que nadie me mirara así; lo único peor sería la lástima. Así que intenté bromear con eso y caminé por la puerta, pero cuando alcancé mi coche, no me pude mover. Acababa de jugar la última carta que tenía y había perdido la partida.

Era un desastre. De verdad, me había roto en mil pedazos. Busqué frenéticamente en mi mente por alguien a quien acudir, un doctor, un ministro, un consejero, un amigo o pariente. «Alguien». Quienquiera. Me di cuenta de cuán locas eran mis historias, y sabía que no podía esperar que Vicky llevara la carga de verme pasar por esta experiencia, simplemente no era justo para ella.

Tenía bastante tiempo que mi hermana había dejado de hablar conmigo acerca de mis encuentros, no porque ella me hubiera abandonado, sino porque ella estaba lidiando con sus propios asuntos de depresión crónica. Simplemente tampoco podía molestarla a ella con mis asuntos.

El apoyo amoroso de la dulce Marion

Al poco tiempo, Marion, con su naturaleza dulce y gentil, se convirtió en mi grupo de apoyo, el lugar al que acudía por consuelo. Ella fue quien me escuchó pacientemente una y otra vez, a medida que relataba lo que estaba sucediendo en mi vida. Ella no sólo me dejó despotricar, desvariar y seguir así, también me animó a hablar, todo mientras ella me ofrecía amor y apoyo. Me hizo preguntas y fue genuina en su interés y preocupación por mí. La amé como a una madre.

Ella tenía reuniones de CUFOS de vez en cuando en su casa, y asistía la gente interesada en las últimas noticias, tanto como aquellos que habían tenido alguna experiencia. Usualmente, era solo algún avistamiento de una nave o algo parecido, pero me di cuenta de cuán angustiante podía ser eso para algunas personas. Tenían una necesidad de hablar sobre eso una y otra vez, intentando darle sentido, intentando encontrar una explicación racional. Marion era interminablemente paciente con ellos, mientras se aferraba a cada palabra y les mostraba empatía.

Siempre dijo:

—Sólo quiero respuestas. Sólo quiero saber de qué se trata todo esto. ¿Por qué están aquí? ¿Qué es lo que están tramando? Sólo quiero saberlo antes de morir.

La última vez que vi a Marion, aún no había obtenido sus respuestas, ya que estaba tan curiosa como siempre. La extraño demasiado.

Vicky y el grupo de avistamientos ovnis

Casi inmediatamente después de mi desayuno con Vicky, escuché de Da. Yo estaba en casa, sentada en los escalones que conducían a mi habitación. Recién acababa de finalizar una llamada y me estiré para colgar el teléfono, pero me quedé en donde estaba sentada, en el tercer escalón.

Había dejado caer mi cabeza entre mis manos y estaba descansando, cuando lo escuché decir: —¿Qué podemos hacer para consolarte?

Mi cabeza se disparó. Había escuchado su voz, pero no era audible; estaba dentro de mi cabeza. Esto no era nuevo, pero era diferente a la voz sin cuerpo que había escuchado últimamente. Es algo difícil de describir. Es como un pensamiento que tienes, sólo que es más como una voz que está dentro de tu cabeza, pero es una voz que no reconoces como la tuya propia. Y, en este caso, definitivamente era Da.

Esta forma de comunicación era menos aterradora para mí, y esta vez le respondí tranquilamente diciendo que me sentía sola.

—¿Podrían simplemente parar todo esto y dejarme en paz para tener una vida normal?

—No, eso no es posible. Hay demasiado invertido.

—Yo permanecí sentada, frotando mi cabeza.

Da prosiguió—: ¿Qué te ayudaría a no sentirte tan sola?

Le di bastante consideración a esta pregunta, porque sabía que era algo grande. Esta era mi oportunidad para que ellos conocieran mis necesidades. Era alguna clase de victoria, aunque pequeña, pero al fin y al cabo una concesión de su parte a cambio de todo lo que me habían quitado.

Después de pensarlo un poco, le pregunté si podrían mostrarse ante mi grupo de meditación. Había unas doce personas en el grupo, y todos me habían apoyado mucho.

—¿Podrían todos ellos tener un avistamiento?

—Sí —prometió Da—. Se hará.

—Y Vicky —le dije—. Vicky también necesita ver algo. Prométeme que Vicky tendrá un avistamiento.

—Se hará —replicó él. Y con eso se marchó.

Yo no le mencioné una sola palabra a nadie sobre mi trato con Da. Además, no era como si yo no supiera lo loco que era eso. Nunca supe qué hacer con esas conversaciones. Como con todo lo demás que estaba sucediendo, tuve problemas en creer que la conversación o su promesa fueran reales.

Pues bien, en el transcurso de las siguientes semanas, todos en el grupo, excepto uno, tuvieron un avistamiento de algún tipo. Todos tuvieron historias diferentes que compartir, y yo estaba impresionada, por decir lo menos. Uno vio una nave en forma de cigarrillo, otro una nave negra triangular, otro más una nave clásica plateada y otro vio luces danzantes en el cielo nocturno.

No creo haber dicho nunca una palabra sobre la oferta que Da me hizo, pero sentí tal impulso dentro de mí, como si un peso hubiera sido sacado de mi estómago. Este fue un gran punto de inflexión para mí. Mis abductores me habían ofrecido consuelo. Ellos me habían contactado y habían hecho lo que habían podido para aliviar algo de mi dolor y mis sentimientos de soledad. Al tener a mi grupo compartiendo los avistamientos de sus naves, sentí como si la carga que había sentido de todas esas experiencias hubiera sido aligerada.

Un cambio de perspectiva

Ocurrió otro cambio en mi perspectiva, y me acerqué aún más a la paz. Aún no comprendía de qué se trataba todo esto, y no podía detenerlo, pero ya no me sentía tan sola. Eso fue enorme. Fue un nuevo comienzo para mí.

Tener apoyo viniendo de los mismos seres que aparentemente me estaban atormentando, fue un gran cambio en mi relación con ellos. Ya no era más sobre poder y control, víctima y atormentador. Había algo más llevándose a cabo, y yo sabía que necesitaba observarlo sin miedo. Ese acto de bondad y la preocupación por su parte, lo puso todo en un campo nuevo y diferente. Comencé a mirar mis encuentros con ellos a través de una lente que no dejaba pasar tanto miedo. Tan pronto como hice eso, todo cambió. ¡Qué descubrimiento tan asombroso!

La perspectiva lo es todo. Me di cuenta de que una persona, siempre, en cada situación, tiene la opción de escoger la perspectiva desde la que puede ser visto un evento o interacción. De pronto, todos mis encuentros se vieron diferentes. El no sentirme más una víctima, después de haber estado en ese rol por tanto tiempo, fue liberador. Eso no es decir que todo se volvió dulcemente bendecido con arcoíris y corazones. No, no fue así como todo sucedió, pero fue un gran salto hacia adelante en mi habilidad por ver más claramente la situación.

A medida que aplicaba ese principio a mi vida, e incluso hasta el día de hoy, reconozco que cualquier evento o interacción con otros tiene cualquier número de formas en que una persona puede elegir verlo. Cada uno tiene su perspectiva, pero se basa en nuestras emociones en ese momento, nuestras experiencias pasadas y mil otras cosas, incluido el tipo de día que estamos teniendo. Y he aquí esa cosa que nos mete a todos en problemas: la otra persona involucrada tiene su propia perspectiva, basada en su propio set de criterio.

¿Así que yo fui una víctima? Esa ha sido una cuestión importante para mí, justo desde el principio. Fue ese evento el que contribuyó más para desentrañar esa creencia. Y con eso llegó la libertad, la libertad para, efectivamente, comenzar a aprender de esos encuentros y ser una participante cooperativa, en lugar de identificarme con el rol de víctima.

Ahora les compartiré una de mis historias más favoritas de todo este capítulo de mi vida. No sé por qué la considero así, tan, bueno, cautivadora, pero así lo hago. Fue dos o tres días después de que el grupo se había reunido, y yo estaba en mi cocina alrededor de las 6:00 p.m., vaciando el lavaplatos. Estaba inclinada, sacando algunos platos de la repisa inferior, cuando sentí la presencia de Da. Es decir, sentí el canal de comunicación abierto. Se siente como un tubo que se extiende desde la coronilla de mi cabeza hacia el espacio. Alguien acababa de abrir esa tubería y, mientras me ponía de pie, no me sorprendió en absoluto escuchar la voz de Da.

—¿Está todo bien? —Llegó la pregunta.

Yo supe lo que quería decir. Se refería a los avistamientos que le habían proporcionado a mi grupo.

—Sí —dije con entusiasmo—. ¡Muchas gracias! ¡Gracias!

—¿Está todo mejor así? —preguntó.

—Mucho mejor, sí. Gracias por eso.

¿Por qué Garth no pudo ver ninguna nave? ¿Por qué él no obtuvo un avistamiento?

Yo sabía que él realmente hubiera querido tener un avistamiento, pero había sido la única persona que no reportó haber visto algo. Como respuesta a mi pregunta, se me presentó una visión de Garth: estaba solamente su cabeza y, frente a sus ojos abiertos, había cuatro o cinco pequeñas naves, estaban ahí, literalmente, a centímetros de sus ojos.

Después escuché la voz de Da: —Algunos no están listos.

De hecho, tuve que reírme de eso. Fue para mí tan claramente explicado con el uso de esa visión, ¡algo demasiado típico de los grises! Luego recordé que no había escuchado nada de Vicky, y supe que, si ella hubiera tenido «algún» avistamiento de un ovni, yo hubiera sido la primera a quien llamara.

Antes de que se fuera, dije rápidamente: —¡Espera! ¿Qué hay de Vicky? Vicky no tuvo su avistamiento.

—Ya está hecho —llegó la voz de Da fuerte y clara.

—No está hecho. Ella no tuvo un avistamiento, o yo lo hubiera sabido. —Supongo que me estaba mofando de él al decir esto.

—Ya está hecho —llegó la misma respuesta severa.

—Espera. Aguarda justo ahí.

Con eso, caminé hacia el teléfono y marqué el número de Vicky. Ella contestó después de algunos timbrazos, y en el segundo en que escuché su voz, pude decir que estaba enferma con un terrible resfriado. Había decidido que no le preguntaría directamente si había tenido algún avistamiento ovni, pero resultó que de cualquier modo no tuve la oportunidad de hacerlo. Tan pronto como escuchó que era yo, comenzó a hablar demasiado rápido. Me explicó que estaba enferma, lo cual era obvio, y continuó diciendo que habría tenido que llamarme antes, porque algo emocionante había pasado.

La semana pasada cuando su esposo y ella estaban conduciendo hacia Madison, ella vio un ovni. A pesar de que estaba enferma, demostró una cantidad razonable de entusiasmo sobre el avistamiento, y me contó todos los detalles.

Me sentí un poco arrepentida cuando colgué el teléfono. Sabía que Da había escuchado todo.

—Ya está hecho —dijo nuevamente.

—Sí —contesté—. Ya está hecho. Ella tuvo su avistamiento. Gracias. Muchas gracias.

—¿Está todo bien? —preguntó él.

—Sí, todo bien.

Y con eso, la tubería se cerró.

La llave para el crecimiento es la introducción de niveles de consciencia más altos a nuestra percepción.

Lao Tzu

CAPÍTULO 10:
Lecciones de la 7º dimensión

En algún momento, a principios de 1989, mis experiencias de abducción disminuyeron y luego se detuvieron por completo. De principio a fin, esta ronda de actividad había durado entre 18 y 24 meses, con visitas extremadamente intensas sucediendo durante el verano y otoño de 1988. Era inusualmente brutal, porque yo estaba muy consciente de la interacción. Generalmente, cuando estas experiencias de abducción ocurren, todo lo que te queda es el tiempo perdido, si es que acaso eres consciente de eso.

La mayoría de las veces, los abducidos ni siquiera saben que han tenido un encuentro, pero en ocasiones hay una sensación de que algo está fuera de lugar, algo parece ir mal, y pudieras tener un recuerdo parcial de un incidente extraño que no tiene sentido. Muchas veces hay un destello o una luz, un crujido fuerte como si el aire se estuviera partiendo, o un sonido tipo remolino que se siente más como una vibración que como un sonido. En otras ocasiones, solamente se siente algo de estática en el aire, ese sexto sentido de que algo está por suceder o acaba de suceder.

Pero esos chicos tienen una habilidad sorprendente para bloquearte, es decir, cubrir o enterrar todos tus recuerdos de lo que acabas de experimentar. Hay algo llamado un «recuerdo de pantalla», que son capaces de inducir, y funciona de esta forma:

Estás conduciendo hacia casa una tarde de compras y mandados. Es el atardecer y estás planeando estar en casa a tiempo para preparar la cena y tenerla sobre la mesa para las 6:00. De pronto, ves un gran ciervo de pie a un lado del camino. Sus ojos son grandes y penetrantes, así que pareces no poder apartar la mirada. Miras directamente a esos ojos de ciervo mientras conduces a su lado, pensando cuán extraño es tenerlo justo a un lado de la carretera, parado, sin moverse y mirándote de esa forma. Tomas una nota mental para platicárselo a tu esposo.

Lo siguiente que sabes, es que estás más o menos a medio kilómetro alejado de ahí, y es una hora después de lo que te habías dado cuenta. Quizá se volvió completamente oscuro allá afuera. Repasas tus movimientos de las horas pasadas, y repites en tu mente todos los detalles, a dónde fuiste, cuánto tiempo tardaste en cada parada, etc., e intentas descifrar en dónde pudiste haber perdido esa hora. Es algo perturbador para ti, porque simplemente no puedes averiguar cómo pudiste haber perdido tan fácilmente el paso del tiempo. Continúas conduciendo y recuerdas el ciervo, pero ahora no lo tienes tan seguro. ¿Era un ciervo o un perro? Por alguna razón, todo lo que pareces recordar son esos ojos. ¿Quizá era un mapache?

Para cuando estacionas en tu cochera, ya olvidaste todo acerca de tu hora perdida, y el único recuerdo que queda del camino a casa es la imagen inquietante de los ojos del animal. Caminas por la puerta, miras el reloj y te sorprende que sean las 7:00. Te lo preguntas, piensas sobre ello y luego rápidamente se desvanece de tus pensamientos. Y así es como lo hacen. Has sido abducido, pero no hay recuerdo. El ciervo al costado de la carretera fue una pantalla, una sugestión o imagen plantada en tu mente para cubrir la verdad de lo que había ahí realmente, un alien, un gris con grandes ojos penetrantes.

La actividad parece detenerse—principios de 1989

Después de que mis encuentros finalizaran a principios de 1989, sentí alivio, pero también una extraña sensación de tristeza. ¿Podría ser que los extrañaba? ¿Es esa la forma en que las víctimas de secuestro extrañan a sus abductores, o como un prisionero extraña a su carcelero? Hubo, de hecho, pocas veces en que yo les «envié» un mensaje. Me sorprendió tener una respuesta borrosa, no de la misma forma como escuchar la voz de Da, sino una respuesta, no obstante, diciendo que estaban alrededor pero no en mi proximidad. Yo me sentía como si estuviera fuera de su agenda y no era su tiempo de estar trabajando conmigo. Odio admitir esto, pero sí anduve por ahí con un sentido visceral de abandono. Realmente luché contra esa emoción y no pude conciliarla dentro de mí. Había rezado, llorado y suplicado que me dejaran en paz, y ahora había sucedido. ¿Cómo era que los estaba extrañando? Me preguntaba si lo que yo extrañaba era la sensación de estar siendo vigilada, que cuidaran de mí, ¿o era el tiempo que había pasado con ellos? Había aprendido que estar en esa vibración más alta era un tanto excitante. Venía con beneficios.

Incidente del trébol de cuatro hojas

A medida que miro hacia atrás, a lo largo de los años, puedo ver un patrón en las influencias que las altas frecuencias traen consigo. Hubo un día, hacia finales de nuestro matrimonio, en que Tom me acompañó para ayudarme a poner un letrero de venta. Habíamos experimentado una gran cantidad de animosidad mientras nos movíamos a través del proceso de divorcio, y creo que ambos estábamos agradecidos de tener un respiro de la ira que se había estado gestando. Estábamos fuera en una tierra que estaba cubierta de tréboles altos, casi hasta el nivel de la cintura. Después de que el letrero quedó en su sitio, comenzamos a caminar de vuelta hacia el coche. Hacía un gran día afuera, así que nos quedamos un poco más, ya que ninguno de los dos estaba ansioso por regresar al trabajo.

Yo había estado mirando hacia el cielo y abriéndome camino lentamente hacia el coche, cuando me volteé para ver qué era lo que estaba haciendo Tom. Él estaba inclinado, con su cara a centímetros de los tréboles, corriendo gentilmente sus manos a través de la parte superior de ellos. En ese momento me recordó mucho a un niño pequeño, y me invadió el amor. Lo miré por algunos segundos antes de preguntarle qué estaba haciendo.

—Buscando un trébol de cuatro hojas —respondió.

El amor que había estado sintiendo creció dentro de mí, y lo vi como es en realidad, puro e inocente. Ese era amor incondicional. Llenó mi ser y yo supe que se me había otorgado un regalo.

Yo lo miré y él sostuvo mi mirada mientras yo le decía: —Ya, yo conseguiré uno para ti.

Estiré mi mano y sin apartar la mirada de sus ojos, cerré mis dedos alrededor del tallo de un trébol. Sabía que no importaba cuál escogiera. Sentí una corriente, nada diferente a una corriente de energía eléctrica, moviéndose a través de mis dedos y hacia la planta. Presioné el tallo por un momento, antes de arrancarlo y sostenerlo en alto para él. Nunca lo miré.

—Aquí, toma este y ponlo en algún lugar seguro —le dije—. Algún lugar de donde puedas sacarlo y mirarlo cuando la vida se torne difícil, y se tornará difícil. Tienes desafíos por delante de ti, pero recuerda este momento y ten el conocimiento de que los milagros suceden. Ten el conocimiento de que eres amado. Eres amado en todo momento, y «nunca» estás solo.

Él aceptó el trébol de cuatro hojas y, mientras lo miraba fijamente, me preguntó cómo lo había hecho, pero yo no pude contestar. Hubo más momentos similares a ese a lo largo de mi tiempo con los grises. Ese tipo de experiencias que parecen tan milagrosas para nosotros aquí en esta dimensión, no son consideradas especiales en las altas frecuencias. La vida fluye con más facilidad cuando estás cerca de tu Fuente, y es ahí en donde te encuentras cuando subes esa escalera hacia las dimensiones más altas. Los milagros como este están disponibles para todos nosotros, si somos capaces de existir en un estado de amor puro, ya que esa es la vibración más alta que existe, el amor incondicional.

Extrañando a mis chicos

A pesar de que no tenía muchos recuerdos sobre lo que ocurría en realidad durante esas muchas horas que pasaba en su compañía, sí tenía recuerdos de las lecciones que me enseñaban y el sentido en general de que todo había sido para servir a un propósito mayor. Ahora los extrañaba y mi vida pareció palidecer. ¿Era esta una pista para desentrañar el misterio? No iré más allá buscando qué papel podría jugar el haber ocasionado esta interacción.

«¿Estaba yo creando estas experiencias en un esfuerzo por hacerme sentir más importante?»

Seguí esta línea de pensamientos dentro de mí y los miré tan objetivamente como pude. Se había determinado que las experiencias que estaba teniendo eran físicamente reales. Es decir, ellos determinaron que esto no estaba sucediendo en mi imaginación ni en sueños. Ciertamente, había deseado que ese fuera el caso ya que hubiera sido algo que pudiera hacerme sentido.

Pero esto, esa idea de que los aliens estaban viniendo por mí y me llevaban por periodos de una o dos horas, para prepararme para jugar algún rol en el drama futuro que estaba por revelarse en el desarrollo de la humanidad, bueno, eso no era algo que yo hubiera podido inventar nunca. Antes que nada, hubiera debido tener conocimientos sobre las abducciones ovnis para poder soñar eso, y yo era demasiado ingenua sobre cualquier cosa que tuviera que ver con ufología. Para ser honesta, si fuera a tener fantasías de grandeza, ¡este no hubiera sido el camino que yo habría tomado!

Esto no atrae ningún tipo de atención deseada, al contrario, trae burlas y etiquetas con las que hubiera preferido no ser identificada, tales como loca o delirante. En el momento en que todo salió a la superficie, yo era una joven de mente seria que manejaba un negocio que requería que yo fuera confiable y competente. Lo último que yo hubiera buscado era una historia que trajera un alto nivel de rareza en ella, una que fácilmente resultara en pena por mí o por mi familia. Estos eran los pensamientos contra los que luchaba en el verano de 1989, a medida que intentaba dejar ir toda la pesadilla que había vivido.

Avanzando

Eventualmente, recogí los pedazos de mi vida e hice lo mejor que pude por seguir adelante con una vida normal. Ahí estaba eso de nuevo, ese deseo por tener una vida normal. Pero, ¿qué es normal? A decir verdad, yo ya no lo sabía. Mi brújula estaba rota, y yo nunca volvería a ser la misma, pero eso no me impidió intentarlo, mientras me enterraba en mi trabajo y hacía lo mejor posible por dejar ir todo. Pero no fui capaz de olvidar por lo que había pasado.

Siempre estuvo ahí, siempre en segundo plano y, en ocasiones, llegaba a la superficie abruptamente cuando algo desencadenaba un recuerdo o cuando una sensación de conocimiento llegaba a mi consciencia. Con el paso de los años, mis recuerdos de abducciones siguieron llenándose poco a poco. Estaba recordando detalles de las abducciones, pero lo que recordaba cada vez más y más eran las cosas que ellos me enseñaron, comenzando cuando era una niña. Era como las capas de una cebolla que estaban siendo peladas. Ya no estaba tan interesada en los detalles, en lo técnico, acerca de lo que me había sucedido. Eso parecía secundario.

Por el contrario, sentía como si estuviera despertando y, mientras más despierta me volvía, más consciente era de cuán ridículo era todo. La vida, eso es. Faltaba algo, algo grande que la mayoría de nosotros parecía estar olvidando. Necesitaba descubrir qué era.

El pequeño grupo de meditación que había jugado un papel tan importante en mantenerme sana, se disolvió, y por los siguientes diecisiete años seguí a mi propio guía interno, mientras estaba en busca de respuestas. Más que nada, creo yo, di lo mejor de mí por vivir una vida regular. Necesitaba ese respiro.

Había una matrícula escolar por pagar, bodas que planear para mis hijas, y una vida nueva por experimentar como mujer soltera. Durante ese tiempo, tuve momentos en los que parecía tomar consciencia de una lección o idea que claramente parecía provenir de mi tiempo con ellos. Era una forma de percibir la vida que no creo poder vincular con ninguna otra cosa que yo hubiera leído o estudiado.

Me había olvidado de las palabras que me había dicho el sanador. Ni siquiera las hubiera recordado de no haber tomado nota de ellas en un diario que encontré mientras escribía este libro. Su analogía de la cápsula que se disolvía era buena, ya que es exactamente lo que parece

155

ser. Por unos diecisiete años, viví una vida bastante normal, a pesar de todo. Pero luego las cosas comenzaron a cambiar a gran velocidad. Es evidente para mí que todo en mi vida ha sido planeado. Hay una agenda y yo continúo de acuerdo con el programa, ya no forcejeo ni lucho contra el rumbo que toma mi vida. Está claro para mí que accedí a ser una participante en esta odisea, y ahora estoy feliz por cumplirlo. Y, tan claro como si hubiera recibido un telegrama, supe que ya era hora de escribir un libro y contar la historia de mis encuentros alienígenas, pero la parte más importante de la historia no sería sobre el miedo y el trauma que experimenté al llegar a aceptar todo esto, ni el diálogo sobre lo que ellos me hicieron. No. La parte más significativa del libro son «Las tres cosas importantes por saber».

Tres cosas importantes por saber
Nº1. Somos uno mismo con nuestro Creador

A medida que se disolvía la cápsula en mi mente, comencé a recordar claramente el haber sido instruida con estas tres lecciones cruciales. Ellos pasaron mucho tiempo asegurándose que yo entendiera todas y cada una de ellas. Lo más crítico que querían que supiera, y comenzaron a enseñármelo a una edad muy temprana, no más de cinco años, fue esto: «Somos uno mismo con nuestro Creador».

Esta lección ahora se ha convertido en una hipótesis bastante conocida, pero allá por mediados de los años cincuenta, era una idea bastante radical. Recuerdo a los grises explicando este punto para mí una y otra vez. Yo no lo comprendía. ¿Cómo podría yo ser parte de Dios y parte de todo ser vivo? Pero, finalmente comenzó a afianzarse en mí cuando me dieron una demostración visual, cuando tenía alrededor de ocho años.

Un hombre estaba sentado ante una mesa de cocina. Podría haber sido mi padre. Yo estaba ubicada detrás de él y más arriba, mirando hacia abajo por encima de sus hombros, así que nunca le vi la cara. Sus grandes manos estaban frente a él, descansando sobre el mantel cuadriculado, rojo con blanco, y había utensilios de cocina justo a un lado de su mano derecha. De pronto, levantó el tenedor con su mano derecha y lo clavó profundamente en su mano izquierda. Presenciarlo fue impactante y bastante desagradable para mí. Me molestó mucho.

—Esto es lo que haces cuando lastimas a alguien más. Podrías hacerte también a ti misma justo aquello que piensas que le estás haciendo a otro, porque eso es exactamente lo que estás haciendo. «Estás» haciéndolo a ti misma, porque no hay diferencia alguna entre tú y cualquier otro ser vivo. Todos somos uno —afirmó Da, tranquilamente.

Esta lección fue ampliada casi cada vez que estuve con ellos. Llevaban la idea más y más profundo hasta que se volvió una creencia esencial para mí.

Ellos hablaban de cómo esta simple lección era todo lo que necesitaba realmente la humanidad para llegar a cambiar el mundo. Sólo esta única cosa, sabida y realmente entendida por todos los humanos, cambiaría el camino de destrucción en el que estamos.

«¿Cómo podíamos no saber esto?»

En ocasiones, podía sentir su frustración con nosotros. Todos somos uno mismo con el Creador. Era de vital importancia aprenderlo. A medida que pasa el tiempo, esta lección se vuelve más y más significativa para mí. Siempre he sentido una conexión con la naturaleza y he mantenido una profunda reverencia y amor por esta Tierra. De niña, me sentía especialmente protectora hacia los árboles y creía que podía sentir su energía, e incluso comunicarme con ellos.

Hasta ahora, siento esa conexión, pero nunca sentí tanta conexión con los humanos. Siempre sentí como si Dios hubiera cometido un error al ponerme a mí aquí. Yo no encajaba. En general, admitiré que nunca he comprendido demasiado a los seres humanos; en general, ellos parecen ser más bien egoístas y despiadados. Mis sentimientos hacia la humanidad eventualmente cambiaron, a medida que tomaba consciencia, pero en mi juventud luché bastante con el ser clasificada como una humana.

Con el paso de los años y a través del curso de muchos, muchos encuentros, los grises me enseñaron, de muchas formas, cómo somos uno mismo con todo ser vivo, todo ser vivo. No sólo la naturaleza, no sólo las cosas bonitas, no sólo la gente que nos agrada, sino todos los seres vivos, todos los seres sintientes, en cualquier parte del universo.

Este concepto necesita convertirse en algo más que sólo una idea, más que sólo una calcomanía para el coche. Necesita ser integrada en nuestro propio Ser. ¿Y cómo se supone que suceda eso? A través de la consciencia. Despertándonos de nuestro estado inconsciente, en el que la mayoría de nosotros tropieza a través de la vida. Detente un minuto y observa cómo vivimos nuestras vidas. Estamos corriendo a través de la vida con las cabezas bajas, todos con prisa a lo largo del día, día tras día, viviendo nuestras vidas por el siguiente instante, el siguiente gran acontecimiento.

El miedo es el factor motivante; miedo a no «tener» suficiente, a no «ser» suficiente, a no ser suficientemente «dignos». Estamos tan distraídos que nunca nos tomamos el tiempo para indagar sobre quién o qué está en el centro de nuestra propia naturaleza.

Necesitamos cuestionarnos sobre nuestro lugar en el cosmos. Nuestra atención está sobre las «cosas». ¿Es que no ves lo tonto que es eso? Hemos olvidado quiénes somos. Hemos perdido nuestra conexión con la Fuente. Necesitamos encontrar esa conexión perdida. Necesitamos recordar quiénes somos y para qué fuimos creados. De alguna forma, todo eso se perdió en el drama de la vida.

¿Alguna vez te preguntas por qué es eso? ¿Alguna vez te preguntas por qué la vida parece ser tan complicada y confusa? ¿Alguna vez te preguntas si esta es la vida que nuestro Creador planeó para nosotros, una vida de dolor, miedo y muerte? Las respuestas están aquí, pero necesitas tener la pasión y el deseo por realmente querer saber. Es el viaje más maravilloso que puedes tomar.

Fue más fácil para mí aceptar que yo era uno mismo con todas las cosas, pero me tomó más tiempo aceptar que somos uno con Dios. De hecho, no lo comprendí realmente, quiero decir, «realmente» comprenderlo, hasta hace poco. Como muchos, se me había enseñado la lección infantil de que Dios es un hombre que se sienta en un trono y gobierna sobre el mundo. Él se molestó con nosotros cuando hicimos algo malo, y Él nos juzgó y castigó por esas cosas malas. Se me enseñó a temerle a Dios, todo mientras me enseñaban a amarlo y rezarle. Dios siempre estuvo un paso más arriba que Santa Claus, pero, a decir verdad, era más fácil creer en Santa, relacionarte con él y, sí, amarlo.

¿Cómo se las había arreglado el mundo para poner todo esto patas arriba? ¿Cómo las mismas instituciones que fueron instaladas para enseñarnos todo acerca del amor incondicional, terminaban enseñándonos sobre culpa y una clase tan distorsionada de amor, que la humanidad como un todo, se volvió tan disfuncional? Recuerdo visitar una granja de ovejas en Irlanda. Para llevar a las ovejas a cualquier lado, lo mejor es hacer que una sola se dirija en la dirección correcta, porque el resto la seguirá, incluso al punto de seguir a la oveja líder por un barranco. Todas ellas simplemente seguían a ciegas. Eso parece ser lo que la mayoría de nosotros hacemos.

Se nos enseña que Dios está separado de nosotros, pero la verdad es totalmente opuesta. Somos extensiones de nuestro Creador y nuestra misma esencia se comparte con Él. Somos para Dios como una gota lo es para el océano. El océano no está completo sin esa gota y, ciertamente, no puede existir como océano sin tantas gotas. «Un curso de milagros» dice: "Sin ti, a Dios le faltaría algo, el Cielo estaría incompleto y habría un hijo sin Padre" (Txt., P. 312). Hemos olvidado nuestra propia esencia. Es nuestra creencia de separación lo que ha mantenido a la humanidad atada y, hasta que podamos ver a Dios en cada persona con quien nos encontramos, estaremos destinados a permanecer en este mundo dominado por el miedo.

Todos somos uno mismo con nuestro Creador. Como yo lo veo, este concepto enlaza todo el propósito de los grises. Nosotros, como humanos, necesitamos despertar ante esa idea y en realidad «comprenderla». Necesitamos entender lo equivocado que es tener a niños muriendo de hambre, lo equivocado que es tener a nuestros hermanos durmiendo en las aceras por la noche, cuán terriblemente equivocado es tener a alguien sin atención médica, sólo porque esa persona no tiene mucho dinero. ¿Estamos locos?

Sí. Somos una raza de seres que se ha vuelto loca. Pero en nuestro centro, en la misma esencia de nuestro ser, hay luz. Y simplemente no es posible que esa luz se apague por completo. Puede ser olvidada, puede ser disminuida o escondida, pero no se puede extinguir. Y gracias a Dios por eso, literalmente.

Hay demasiada publicidad negativa allá afuera acerca de mis chicos, los grises. Entre la mayoría de los ufólogos, el consenso general es que son malvados y tienen un plan egoísta. En la superficie, esto ciertamente puede parecer verdad. Quizá yo tengo una perspectiva diferente porque tuve que llegar a una creencia aceptable para poder sobrevivir al trauma de mis experiencias, pero encuentro extremadamente difícil el creerlos malvados, cuando veo todo lo que ellos me enseñaron.

Creo que son de la 7° dimensión. No puedo decir que tengo un recuerdo claro de que ellos me hayan dado esa información, al igual que muchas de mis memorias. Por el contrario, parece ser algo que simplemente sé. Cuando le pregunté recientemente a Da si él era un Zeta (gris), su respuesta me sorprendió. Él dijo que el hacer esa declaración no sería una explicación acertada sobre quién es él.

—Entonces, dime quién eres y de dónde vienes —le pedí. —Soy un viajero del universo, yendo hacia donde sea necesario, al servicio del Creador —respondió.

—Bueno, pareces un Zeta. ¿Por qué es eso?

De nuevo, su respuesta fue sorprendente. Me explicó que su cuerpo es más etérico y que se pone ese contenedor cuando viene a este ambiente denso. Continuó diciendo que muchos visitantes del planeta Tierra utilizan el cuerpo tipo Zeta, porque es altamente funcional en esta vibración. Así que, con esa declaración, yo creo que él confirmó otra creencia que yo tenía, pero nunca supe cómo la tenía, de que los ojos grandes, negros, que todos ellos tienen, no son realmente sus ojos, sino algún tipo de gafas o pantallas. No debido a que nuestro sol sea tan brillante, sino porque «su» luz es demasiado brillante.

Si recuerdas las lecciones de lecturas de luz, en donde me enseñaron que todos tenemos una luz interior, basada en el nivel de nuestra vibración, tendría que decir que ellos tienen una vibración extremadamente alta o lectura de luz, comparada con las nuestras. Podemos ver fácilmente el nivel de luz en los ojos de las personas, por lo que parecería que una vibración o una luz extremadamente altas, podrían ser más de lo que podemos tolerar.

Siempre es tan maravilloso mirar a Da a los ojos y experimentar la aceptación y amor que veo ahí. Sé que eso es contrario a la mayoría de los reportes concernientes a los grises, pero, ¿sería él considerado un gris, tomando en cuenta lo que acababa de aprender? A pesar de todo, no hay duda de que hay un alto nivel de rareza en la interacción que experimentas con extraterrestres. Cualquiera que haya tenido estos encuentros lo confirmará. Desafortunadamente, la mayoría reporta que no fue una experiencia agradable, pero, una vez más, les recordaré del factor miedo. Cualquier experiencia que tenemos se distorsiona cuando está filtrada a través de emociones altas y, particularmente, cuando esa emoción es miedo.

Durante años, me pareció bastante extraña su idea de lo que ellos consideraban que era la segunda cosa más importante por saber. Esto fue gigantesco, y como lo demás, fue machacado en mí hasta que pareció un mantra. El significado real se me escapó por bastante tiempo, tanto que estoy segura de haberlos frustrado hasta su límite.

Nº2. Somos seres multidimensionales en múltiples niveles

«Somos seres multidimensionales existiendo en más de un nivel a la vez», esa fue la afirmación que se esperaba no sólo que repitiera bajo demanda, sino también que la entendiera. Nuevamente, esas lecciones comenzaron cuando yo era muy pequeña, y no tenía absolutamente ninguna idea de lo que ellos estaban intentando transmitirme. Comencé a caer en cuenta con una de las lecciones visuales que me dieron, una de muchas, pero esta finalmente impulsó mi comprensión.

Ellos me mostraron una pila de papeles delgados, como los que usábamos hace tiempo. Creo que se llamaba «papel cebolla», porque se parecía a la piel de una cebolla. Había muchas hojas apiladas holgadamente, una encima de otra, y alcanzaban una altura de 25 a 30 centímetros.

—Cada una de esas hojas de papel representa una vida —me dijeron.

Entonces, tomaron un objeto largo parecido a un lápiz, que estaba afilado en una punta, y lo clavaron en el centro de la pila—.

Esta eres tú.

Okey. Comenzaba a entender. Dadas las otras lecciones que ellos me habían enseñado, comprendí que el lápiz era mi esencia, mi fuerza

161

de vida. Se me explicó que el aspecto que era yo, era capaz de estar presente en todos esos diferentes niveles, a pesar de que estaban sucediendo al mismo tiempo.

Llegué a entender que nuestra esencia vibra a diferentes niveles, dependiendo en dónde hayas puesto tu atención en este rayo de luz, mientras más alto vayas, más rápido y más pura será la vibración, así que las experiencias están en diferentes dimensiones, tanto como en diferentes líneas de tiempo. Como consecuencia, cada una de las vidas que se están experimentando al mismo tiempo, pueden influenciar lo que sucede en las otras dimensiones, y lo hacen.

Como saben, ellos no experimentan el tiempo de la misma manera en que lo hacemos nosotros en el mundo tridimensional, y ellos fueron siempre diligentes al señalarme eso, lo que es parte de la razón por la cual esta lección fue tan difícil de comprender para mí. Tarde o temprano, cuando comencé a entender este concepto, ellos cambiaron las palabras hacia: «Nosotros somos seres multidimensionales existiendo en más de un nivel de forma "simultánea"».

No me gustó particularmente esta lección, y ciertamente no la adopté de la misma manera en que lo hice con la primera lección. Era complicado para mí como una niña, y como adulta no entendía por qué es tan importante saberlo.

Ahora lo entiendo. Y espero poder hacérselos más claro también a ustedes, ya que realmente es una pista importante hacia quiénes somos. De hecho, está unida a la primera lección, que es esencialmente la lección de Unidad. Ésta únicamente expande esa premisa y la pone en términos que deberíamos ser capaces de comprender.

Tuve una experiencia que me ayudó a relacionarme con un elemento de esta lección, en la que tenía unos veintiséis años y era una madre joven. Estaba sola en casa con mis dos hijas, y eran alrededor de las 9:00 de la noche. Ambas niñas estaban dormidas, y su padre estaba trabajando y no llegaría a casa hasta dentro de un par de horas más. Yo estaba viendo televisión en mi cama, cuando tuve la sensación más extraña.

No tengo palabras para explicarlo, pero, de pronto me sentí perdida. Estaba terriblemente asustada, y yo no comprendía lo que estaba pasando. Instintivamente, salté fuera de la cama y corrí al baño. Miré al espejo y «vi» a una mujer con una cabellera roja ondulada, ojos verdes y una piel pálida, pecosa. Ella llevaba puesta ropa de época que yo definiría como «europea antigua». Era joven, supongo que tendría unos diecisiete años, y era corpulenta y maciza.

Ahora, cuando digo que vi a esta chica, es difícil de explicar, pero no era que yo físicamente me hubiera transformado en ella, sino que, puesto en otros términos: yo estaba viendo con sus ojos y con sus recuerdos de lo que «debería estar» ahí, y, de cierta forma «estaba» ahí. Yo también estaba ahí, pero era como si ella estuviera transponiéndose sobre mí. Me recliné para acercarme al espejo y miré a través de mis/sus ojos, intentando comprender lo que estaba sucediendo.

Podía «escuchar» los pensamientos de la chica en mi cabeza; estaban separados de mis propios pensamientos confusos, y tenían un acento irlandés tan fuerte que me sorprendió. Sabía quién era, pero esa expresión de mí estaba compartiendo este espacio con otro ser. Comprendí que lo que estaba viendo era otro aspecto de mí misma. Esta joven era yo, pero en otra dimensión. Este evento sucedió antes de que mis experiencias de abducciones surgieran a la superficie y, sin embargo, lo entendí. Mi miedo fue reemplazado con entendimiento y un sentido de conocimiento. De hecho, sentí cierta clase de parentesco con esta chica, y estaba por hacer algunas preguntas sobre ella cuando, tan rápido como había sucedido, la joven se había ido.

Esa fue una forma radical de aprender la lección de la multidimensionalidad, y era bastante básica. El significado de esta lección va mucho más profundo que solamente saber que, estamos experimentando diferentes vidas, en lo que nosotros consideraríamos como el mismo tiempo. Esta lección es más sobre vibración. Si en otra dimensión hay un gran trauma o un paso gigante hacia la consciencia, o algún otro momento trascendental sucediendo, que afecte el crecimiento y despertar del espíritu en esa dimensión, se siente en todas las demás dimensiones.

Piénsalo. Tiene que ser de esa forma. Ya que la esencia básica te conecta con las otras dimensiones, no se puede «no» ser impactado en todos niveles por lo que está sucediendo en algún otro nivel. A decir verdad, cada pequeña cosa que sucede, afecta todas las demás experiencias que estás teniendo, pero en realidad no tiene un impacto fuerte hasta que resuena a un nivel profundo del alma. La imagen del lápiz sobre quiénes somos, no es nuestro espíritu, es nuestra alma, nuestra conexión con la Fuente. La consciencia que está presente en cada dimensión es un aspecto del mismo ser, el espíritu. Mientras más alto vayas en el lápiz, más alta la frecuencia vibracional. Por ello la afirmación: somos seres multidimensionales.

Pero, ¿pueden ver cómo todo esto nos conecta a todos? En un nivel vibracional más bajo están esas expresiones de nuestro ser que están operando en un mundo más denso, y en las frecuencias más altas, bueno, podrían muy bien estar en donde encontramos nuestra conexión con el Creador. ¿Pueden ver cómo esto debe finalizar con la inevitable conclusión de que tú eres yo y yo soy tú? Realmente estamos en algún nivel experimentando cada vida que ha ocurrido alguna vez, o que ocurrirá. ¿Profundo? Sí.

Ahora agregaré aún más a este tema confuso, explicando que no solo estamos experimentando diferentes vidas en diferentes líneas de tiempo y, aparentemente, diferentes cuerpos, sino que también estamos teniendo experiencias en las que consideraríamos universos paralelos. Es decir, existen otras líneas del tiempo en las que nuestras vidas están jugando en un escenario diferente del que aparentemente estamos teniendo aquí y ahora.

¿Cómo es esto posible? Porque cada pensamiento que tenemos, crea la realidad. Existen, literalmente, un número infinito de líneas de tiempo o realidades alternativas, en donde nuestras vidas están siendo experimentadas. Nos estamos moviendo rápidamente hacia el tiempo en que esas líneas de tiempo serán fácilmente accesibles, a medida que ascendemos hacia las frecuencias más altas.

Es nuestro trabajo en este momento crucial del desarrollo de la humanidad, el traer todos los aspectos de nosotros mismos, todos esos yos multidimensionales, en alineación. Es tiempo de despertar y tiempo de juntar todas esas astillas de luz en un solo único y poderoso haz de luz y amor. Si imaginas tu esencia central como un pilar de luz, estarás cerca de la verdad. Pero ahora, acércate a ese rayo de luz y observa partes de él en donde hay una desconexión, y otros lugares en donde hay pequeños trozos de materia bloqueando la luz y evitando que fluya libremente.

Esos son lugares en donde estás albergando rencores y llevando encima dolor, de la creencia equivocada de que otro te ha perjudicado. Cuando te des cuenta de cuán imposible es eso, ya que «no hay nadie más allá afuera», recuerda que sólo hay uno de nosotros, observa qué le genera eso a tus sentimientos acerca de ser víctima. Todo lo que creemos que se nos ha hecho a nosotros, en realidad nos lo hicimos nosotros mismos. No puede ser de otra manera. Ahora es tiempo de llegar a esa consciencia. Ahora es tiempo de abrir ese canal de luz y dejar ir los bloqueos. Es tiempo de dejar que nuestra luz fluya libremente entre las dimensiones de nuestro ser y hacia arriba a través de las vibraciones superiores y al hogar de la Unidad, hogar de Dios.

Una discusión de los aspectos multidimensionales de quiénes somos, puede tornarse extremadamente complicada, y una explicación final nunca será encontrada de tal forma que satisfaga a todos. Intentar definir la verdad de qué y quiénes somos, no es algo que en realidad pueda ponerse en palabras, pero la respuesta está fácilmente disponible para todos los que la busquen sinceramente. No ha habido una época en el desarrollo de la humanidad, que haya tenido un acceso más fácil a las respuestas.

«Somos seres multidimensionales existiendo en más de un nivel, simultáneamente».

Si sobre analizamos el significado, perdemos sentido de su simplicidad. Suena complicado, pero no lo es. Las dimensiones, como el tiempo, son fluidas y, en última instancia, son solo una ilusión.

La chispa de luz que existe en todas y cada una de las almas es la Divinidad. Somos simplemente Dios experimentándose a Sí mismo, el Creador jugando en Su Creación. Somos seres eternos y esa es la verdad de quiénes somos en nuestra esencia. Todo lo que no es eterno, todo lo que puede morir o perecer, no es de nuestro Creador. Dios no le daría vida a algo que moriría. El mundo y las formas que existen en él, incluidos nuestros cuerpos, no fueron creados por Dios. Son nuestros pensamientos manifestándose como realidad, lo que estamos experimentando. Es por eso que podemos existir en tantos niveles diferentes y líneas de tiempo. Un Padre amoroso nunca crearía un mundo de dolor y muerte, tal como existe en este planeta tridimensional. La parte de nosotros que es eterna, nuestra alma, fue creada por nuestro Padre amoroso. Al recordar la esencia verdadera de quién eres y darte cuenta de que tu conexión con Dios nunca puede romperse, es ahí cuando encontrarás paz profunda e inquebrantable. Mi propósito al escribir este libro no es intentar convencerte de tu alineación con mis creencias, sino retarte a encontrar tus propias respuestas a las preguntas que podría yo estar plantando en ti. No es importante que aceptes o no mi explicación; lo único que importa es que te sientas inspirado, provocado, curioso o suficientemente desafiado para buscar más allá de las enseñanzas tradicionales y comenzar el viaje interior en donde residen las respuestas de quién eres en realidad.

Y eso me lleva a la última lección, la tercera cosa más importante por saber. Esta lección es extremadamente útil y yo te sugeriría humildemente que, si no estás ya practicando esto, que consideres intentarlo, ya que los resultados te cambian la vida. Es una simple declaración y una que ya es bastante popular.

Nº3. Vigila tus pensamientos

Esta enseñanza impactó mi vida de una forma en que no puedo ni comenzar a describir. Tal como con las otras lecciones, se tomaron ésta mucho más profundamente de lo que aparenta ser, en la manera simple en que se ofrece. Comenzaron por enseñarme que todo lo que está sucediendo en el mundo es resultado de nuestros pensamientos. Cada pensamiento que cada persona tiene, genera una corriente eléctrica, y eso trae consigo la vida que consideramos que es nuestra realidad. Ellos fueron bastante duros al explicar que la razón por la que nuestro planeta está lleno de dolor, trauma, guerra, enfermedad y desastres, es por una simple y sencilla razón: nuestros pensamientos, nuestros pensamientos basados en el miedo. Nosotros proyectamos hacia fuera estas ideas, y ellas son reflejadas de vuelta hacia nosotros en forma de experiencias aparentemente físicas. Desafortunadamente, la validación creada al tener nuestros pensamientos temerosos, reflejados de vuelta hacia nosotros en forma de experiencias de vida, también contribuye a la espiral decreciente. Creemos que el mundo es un lugar inseguro y que podemos ser lastimados, así que proyectamos eso. Se vuelve nuestra realidad y, por lo tanto, refuerza ese pensamiento temeroso y crea aún más pensamientos de miedo. ¡No me extraña que nuestro mundo esté en semejante estado!

Son los pensamientos colectivos de toda la humanidad, los que están creando nuestra realidad, y porque vivimos en un mundo de forma, es nuestra tendencia el intentar cambiar el mundo a nivel de la forma. En otras palabras, intentamos cambiar al mundo cambiando el «efecto» en lugar de la «causa». Usaré la analogía más utilizada al intentar explicar este concepto.

Piensa en una película. No puedes cambiar lo que está sucediendo en la película yendo y estropeando la pantalla (el efecto); necesitas llegar al proyector (la causa) y hacer el cambio desde ahí. Así sucede con la vida. Nuestra vida, es decir, nuestra realidad (el efecto), es la película, y el proyector son nuestros pensamientos (la causa). Como lo señala «Un curso de milagros», "Percibes desde tu mente y proyectas tus percepciones al exterior". (Txt., P.70). Y es así que no podemos conseguir un cambio en este mundo hasta no cambiar nuestros pensamientos.

Ahora bien, ese concepto nos lleva de vuelta a la cosa más importante por saber, número uno, la lección de Unidad. Todo se conecta entre sí. Nuestros pensamientos afectan a todos los demás en el planeta. Tenemos una responsabilidad con nosotros mismos y con toda la humanidad para lograr el cambio deseado que se necesita, sencillamente cambiando nuestros pensamientos. Necesitamos darnos cuenta de que es contraproducente demostrar o protestar por un cambio, cuando esto se lleva a cabo con enojo o miedo. Somos una especie en evolución, y hemos estado atascados en pensamientos basados en ego durante mucho tiempo. Es tiempo de que demos un paso hacia la luz y hacia la consciencia de quiénes somos, y reclamemos nuestra identidad. Es tiempo de que entendamos cómo funciona este mundo en el que habitamos.

A medida que ellos me enseñaban los efectos colaterales de nuestros pensamientos sobre el planeta, también me hicieron aplicar la lección sobre una escala más personal. Me mostraron que nosotros creamos nuestra realidad en nuestro día a día, dependiendo de qué vibración o energía emitamos en forma de pensamientos. En un principio no es fácil vigilar tus pensamientos, pero se vuelve una segunda naturaleza después de practicarlo diligentemente por algún tiempo. Lo que me enseñaron fue a ser consciente de la voz que parece hablar dentro de mi cabeza, esos pensamientos están dirigiendo mi vida. Puedo cambiarlos. No son aleatorios. Yo puedo y debo cambiar cualquier pensamiento negativo o temeroso, con aquellos que sean positivos y amorosos. Me hicieron hincapié en que mi vida será aquello que sean mis pensamientos, y no podemos permitirnos que nos dominen los pensamientos de miedo. Tú cambias tus pensamientos, tú cambias tu vida. Fue así de sencillo. Y así es.

Ellos me recalcaron que toda enfermedad y dolencia se origina en tu mente. Y la sanación no se lleva a cabo «reparando» el cuerpo, sino cambiando tus pensamientos. El cuerpo está al servicio de la mente, ellos también me reiteraron esto una y otra vez. La visualización es una herramienta poderosa, ya sea que se use para conseguir un cuerpo más sano o conseguir un cambio deseado en tu vida.

Cuando tenía solo veintidós años, me diagnosticaron un tipo de artritis. El doctor me dijo que no sería capaz de escalar, andar en bicicleta ni ser demasiado activa, ya que este tipo de artritis eventualmente me incapacitaría. Recuerdo el dolor tan intenso en mis articulaciones, tanto que estaba interfiriendo con mi sueño y caminar se estaba convirtiendo en un problema. Una noche, me desperté sabiendo que yo podía sacar esta enfermedad de mi cuerpo. Recuerdo haber escuchado una explicación sobre cómo nuestro cuerpo no tiene diferencia con la casa en la que vives, y que, si algo se rompe, como una ventana, no continúas viviendo en la casa con la ventana rota. La reparas. Y pasa lo mismo con el cuerpo.

Me dijeron que visualizara el área en donde se localizaba el dolor y que «observara» el dolor. Lo hice. Imaginé el dolor como una sustancia similar al alquitrán, verde oscuro, casi negra, que estaba envolviendo mi rodilla. La sentía ahí. La veía creándome dolor. Luego visualicé como era removida de mi cuerpo. A medida que hacía eso, podía sentir cómo salía. Una vez que estuvo afuera, tuve un poco de pánico, preguntándome qué debía hacer con esa cosa negruzca, desagradable.

Me dijeron que se lo diera a la Tierra para que ella pudiera sanarla y neutralizarla. No me agradó esa respuesta, pero me dijeron que la Tierra estaba feliz de hacer eso por mí. Era sanador para todos los involucrados, así que me vi a mí misma llevando afuera esa cosa desagradable, en donde rápidamente encontré un gran peñasco, simplemente no soportaba el hecho de ponerlo directamente sobre la Tierra. Primero le pregunté a la roca si estaba bien que le diera esa cosa, y obtuve una respuesta positiva, así que observé a la sustancia negruzca absorbiéndose en el peñasco.

Todo suena como una locura, lo sé, hablar con una roca, pero así fue exactamente como sucedió. El resultado final fue que nunca volví a tener problemas con mis articulaciones. He utilizado este método muchas veces, y casi siempre con éxito. No tengo duda alguna de que esta técnica me fue enseñada por los grises. Y estoy agradecida.

El otro aspecto de monitorizar los pensamientos y la lección de Unidad, se relaciona con la necesidad innata de los humanos de juzgarnos unos a otros. Si en realidad comprendiéramos la lección de Unidad, entonces nos daríamos cuenta rápidamente de cuán tonta y dañina es esta práctica. El despertar que se está llevando a cabo en la Tierra ahora mismo, está propiciando rápidamente este cambio necesario. A medida que aquellas personas que han llegado a despertar, practican la aceptación de todos y todo, están demostrándonos cuán hermosa puede ser la vida cuando se vive en un estado de gratitud y perdón. Alinearte con tu Ser Superior/Fuente/como sea que le quieras llamar, es un simple objetivo que puede traer un cambio profundo en tu vida y la vida de todos en este planeta. Cada individuo tiene mucho, mucho más impacto del que se cree.

Y es así que tengo un profundo agradecimiento por todo lo que he experimentado y aprendido a través de esos encuentros. Esas tres lecciones, las «Tres cosas importantes por saber», son todo lo que realmente necesitamos entender e implementar, con el objetivo de hacer realidad un tremendo cambio para la humanidad, uno que estamos destinados a experimentar. Así que, al leer este libro, no tiene la más pequeña, diminuta, mínima, importancia si crees o no en mi historia, ya que ese no era el propósito al escribirlo. No me preocupa si decides descartar todo como si hubiera sido un sueño, ilusión o enfermedad mental o algo por el estilo. El hecho es que nunca tuve interés en contar mi historia hasta que se me reveló que necesitaba compartir estas tres verdades.

No soy, de ninguna manera, la primera persona en poner esas lecciones allá afuera. Muchos, muchos más lo han hecho y seguirán haciéndolo, y todos lo han hecho mucho más elocuentemente de lo que yo he logrado hacer. Aun así, les ofrezco estas enseñanzas con la esperanza de crear una apertura, curiosidad, un rayo, para mirar aún más profundo dentro de cada uno, para encontrar tus propias respuestas.

Es emocionante estar vivo en un momento de despertar de consciencia; también puede ser confuso, desorientador y doloroso.

Adrienne Rich

CAPÍTULO 11:
¿Qué están haciendo de vuelta aquí?

Un tiempo de pruebas

Cuando tenía diez años de edad, los grises me dijeron que llegaría un momento en que se me pondría a prueba.

—¿A prueba? —pregunté—. ¿Sobre qué?

Estaba acostumbrada a que ellos me pusieran a prueba sobre las «Tres cosas importantes por saber», tanto como de otras lecciones que habían intentado transmitirme, así que en realidad no estaba preocupada por esto, excepto que este comentario había tenido un matiz más serio de lo normal.

Estaba sentada en el suelo, armando un rompecabezas, mientras Da estaba observándome sentado cerca, en silencio, sobre una silla. Entonces yo levanté mi mirada y le brindé toda mi atención. Él estaba inclinándose para acercarse y en sus ojos no sólo noté amor, sino una profunda preocupación. Me incomodé un poco e instintivamente me asusté.

—Llegará un momento en que se llevarán a cabo grandes cambios en tu planeta, y en las etapas tempranas de ese evento, serás examinada. Perderás muchas cosas en tu vida, incluidas tu casa y miembros de tu familia. —Esa fue su respuesta sombría.

171

Yo no estaba esperando esa respuesta, y sentí una pequeña burbuja de miedo creciendo dentro de mí, mientras preguntaba si habría una guerra. —¿Caerá una bomba sobre mi casa matando a todos excepto a mí?

Mirando atrás, me doy cuenta de que esa sería la explicación más razonable, para una niña de diez años, de perder tu casa y tu familia. Era demasiado joven para entender las dinámicas de la vida adulta.

Él me aseguró que no habría bomba alguna, más, sin embargo, sucedería una crisis. Continuó diciendo que era necesario que experimentara ciertas lecciones de vida, así que este evento se programó en mi vida y comenzaría en algún punto alrededor del año 2009.

Yo no entendía para nada lo que eso significaba, pero nunca lo olvidé.

Aparentemente, llegó a mis recuerdos conscientes a medida que mi familia viajaba en nuestro coche, poco después de que se me había dado este fragmento de noticia. Yo aún era joven, no tendría más de once años. Estábamos de camino hacia la casa de mi tía por algún motivo, y recuerdo exactamente en dónde nos encontrábamos, fuera de Madison.

Pensé sobre lo que se me había dicho. De nuevo, explicaré que en realidad yo no sabía «quién» me había dado esa información, pero estaba ahí, y yo sabía sin duda que era verdad. Pensé sobre el año 2009. Era un número extraño, y en un principio, no logré comprender cómo podríamos llegar a ese año. Le pregunté a mi padre, quien estaba conduciendo el auto, y él me explicó que cuando llegáramos a 1999, el siguiente año sería 2000, luego 2001, 2002, y así sucesivamente.

¡Oh por Dios! ¡Eso parecía terriblemente lejos! Estábamos en 1961 y ni siquiera podía imaginarme viviendo tanto tiempo, así que usé todos mis dedos de las manos y de los pies para intentar averiguar cuántos años tendría cuando esa terrible cosa nos sucediera a mi familia y a mí. Me tomó varios intentos, pero finalmente descubrí que tendría 59. Bueno, eso estaba terriblemente cerca de 60, y eso era demasiado VIEJO, en mi opinión, así que me sentí tremendamente aliviada.

«Para entonces, qué importará si pierdo a mi familia, de cualquier forma, ¡todos estaremos tan viejos para entonces!» Así que dejé de estresarme por eso y lo guardé en aquella repisa que mantenía en mi mente para cosas tan extrañas.

Sí que lo bajaba y observaba de vez en cuando. Pensaba en eso. Alternaba entre creerlo y negar su realidad. Después de todo, ellos me habían enseñado sobre el poder de nuestros pensamientos, y sencillamente me negaba a darle algo de energía a esa idea estresante. Así que, en realidad, no esperaba que sucediera nada de ninguna magnitud, y mientras más cerca estábamos del año 2009, más decidía dudar de eso, hasta que sucedió, aparentemente con vida propia.

«La tormenta perfecta», es así como alguien describió el desmantelamiento de mi vida. Yo lo miré sorprendida, a medida que una cosa o persona tras otra, desaparecían. Mi negocio, mi carrera, muchos de mis amigos, relaciones íntimas, miembros de mi familia, dinero, posesiones, propiedades, y todas las etiquetas que yo usaba para describirme a mí misma. Era como si se hubieran apagado las luces cierto día, para nunca volver a encenderse. Todas las barreras y perímetros que habían definido quién era yo, y de lo que se trataba mi vida, se habían ido.

Mi vida se había convertido en un lienzo vacío. Los cortes habían sido rápidos y profundos. Yo había sido destrozada, ¿o no? Gracias a lo que aprendí como resultado de mis experiencias previas con los grises, tenía una base bastante sólida debajo de mí. No me era posible desempeñar el papel de víctima nunca más, así que, a medida que sucedía cada pérdida, «eventualmente» fui capaz de verla y buscar el significado mayor detrás de esa experiencia. Había una fuerte sensación de que todo pasaba por algo y de que todo iba exactamente acorde al plan. Eso no quiere decir que no flaqueara, porque sí lo hice. Titubeé y caí en más de una ocasión.

No sabía cómo ir más despacio. Necesitaba comprender cómo relajarme, dejar de intentar arreglar todo y juntar de vuelta todo lo que estaba destrozando mi vida. Cuando la recesión pegó por primera vez en otoño de 2007, yo seguí yendo a mi oficina, a pesar del hecho de que claramente no había trabajo por hacer. Con el paso del tiempo, me di cuenta de que, con la llegada del invierno, no tenía ningún sentido para mí el quedarme en Wisconsin, así que un día empaqué mis cosas en mi auto, tomé a mi pequeño maltés y partí hacia Texas.

Mi intención era intentar visitar solo por un tiempo a mi hija, de quien me había distanciado, y a mi nieto, antes de dirigirme hacia Arizona para pasar el invierno. Llegué a Austin sólo para ser rechazada por mi hija, así que me fui sin verlos ni a ella ni a mi nieto. Mi corazón se sentía pesado a medida que me dirigía al oeste a través de las planicies de Texas. Fui tan lejos como pude, antes de parar en un motel para camioneros en el camino. Temprano, a la mañana siguiente, me puse de nuevo en camino. Estaba a menos de dos horas de Tucson, en la carretera 10. El tráfico estaba pesado, demasiado pesado para los dos carriles en los que viajábamos.

Mi pequeño perro de 3 kilos y yo viajábamos bien haciéndonos compañía. Fue un poco problemático escabullirlo a los hoteles por las noches, pero valía la pena tenerlo conmigo. Teníamos una buena rutina. Él iba un tiempo sobre mi regazo, luego se levantaba e iba a su cama que estaba colocada en la parte trasera de mi SUV. Agua y comida estaban disponibles para él, y podíamos conducir por unas seis horas seguidas sin tener que detenernos. Él era una buena compañía.

El límite de velocidad a través del desierto era de 120, y el tráfico ese día se movía como una pared sólida a unos 130 kph. Mi dulce Pookie estaba hecho un ovillo en mi regazo, durmiendo inocentemente. Estaba intentando llegar a Tucson a tiempo para cenar con mis padres, quienes pasarían el invierno ahí.

Incidente de coche Nº3—2007—¡Imposible!

Justo afuera de Benson, había una pequeña rampa de acceso que no daba mucho espacio para que los vehículos se integraran en el flujo del tráfico que ya iba volando por la interestatal. Yo conducía mi SUV en el carril de la izquierda y estaba comenzando a moverme a la par de un semirremolque. A mi derecha, en el siguiente carril, estaba una SUV blanca, una Ford, creo. Observé cómo una motocicleta con un pasajero y otro coche, un SUV rojo, pasaron impetuosos por la rampa de acceso. Quiero decir que realmente pasaron volando.

174

Esta carretera a través del desierto de Arizona, prácticamente no tenía arcén a lo largo del carril izquierdo. Éramos una pared sólida de vehículos, y no había espacio para que cupieran la motocicleta ni el auto rojo. Sin embargo, se unieron al tráfico.

Yo observé cómo la motocicleta condujo a un lado de las llantas traseras del semirremolque y se balanceó a lo largo del delgado arcén en ese lado del camino. Fue atemorizante. El tiempo se ralentizó, ya que todo esto sucedió en menos de pocos segundos, pero mis observaciones y pensamientos parecieron continuar por un minuto o más. El auto rojo se incorporó al tráfico contra la SUV blanca que estaba a un lado de mí. Ésta no tenía a dónde ir más que moverse contra mí y obligarme a salir de la carretera.

Yo había estado observando el tráfico alrededor de mí y sabía que tenía una línea sólida de coches detrás de mí en ambos carriles. Había espacio para que yo me moviera junto al semirremolque, pero no había tiempo, la SUV blanca se me venía encima. Supe que tenía que tomar una decisión terrible, pero en realidad no había ninguna opción. Tenía que conducir mi auto saliendo hacia el camellón, para poder evitar grandes pérdidas de vidas.

Recuerdo pensar que, al menor siete vehículos se verían involucrados si dejaba que la SUV blanca me golpeara. ¿Y cuál sería el propósito de eso? El pronóstico era que yo moriría junto con varios más, sin mencionar todos aquellos que resultarían severamente heridos. Decidí girar mi auto hacia el camellón para hacerle lugar a la SUV blanca, que, a su vez, daría espacio para la SUV roja y la motocicleta. En realidad, no había otra opción, ya que había intentado acelerar y moverme hacia el espacio abierto junto al semirremolque, pero sencillamente no había tiempo.

Es extraño lo que le sucede al tiempo en momentos como ese. Analicé todo eso en, en menos de un segundo. E incluso tuve tiempo para echarle un vistazo al perro durmiente sobre mi regazo. Lo amaba tanto y me sentía tan mal, sabiendo que iba a morir en el siguiente instante ya que la bolsa de aire se desplegaría y lo aplastaría. Pensé en mi hija menor y cuán molesta estaría de perder a su madre y a su amado Pookie al mismo tiempo. Pensé en mi hija mayor y sentí tristeza. Tenía un amor inmenso por ambas y rogué porque mi hija menor me perdonara y la mayor no sintiera culpa por la forma en que estaban las cosas entre nosotras cuando yo muriera.

«Sí, yo iba a morir. Había muy poca duda sobre eso».

Yo iba, al menos, a 130 kph a medida que aceleraba intentando salir del camino de la SUV blanca, y estaba por conducir hacia un puñado de matorrales a esa velocidad. Ciertamente esperaba morir, ya que la alternativa no parecía demasiado atractiva. Todos esos pensamientos en un abrir y cerrar de ojos.

Me agarré fuertemente y giré el volante de forma gentil, no quería sacudirlo con fuerza y girar fuera de control, así que, por el contrario, mantuve el ritmo con el movimiento de la SUV blanca viniendo hacia mí. Miré hacia el camellón y vi el árbol, el cual estaba bastante segura que sería el que destrozaría mi auto y terminaría con mi vida. Mantuve la mirada en ese árbol y apunté hacia él. Esperé escuchar el crujido de la grava y sentir el jalón mientras pasaba sobre la pequeña franja de arcén, pero no hubo cambio alguno.

Me mantuve estable en mi carril. Así que giré el volante un poco más, pero aun así no me moví hacia el camellón. Comencé a prepararme para el inevitable choque de la SUV blanca, golpeando mi puerta del copiloto, ya que estaba a centímetros de mí. No entendía lo que estaba pasando, pero claramente mi plan no estaba funcionando, y ahora el choque atroz que quería evitar, estaba por suceder.

Sólo que no sucedió. Otro milagro llegó a mi vida, inesperado y tan agradecidamente recibido. Cuando regresé mi mirada al camino y fuera del árbol sobre el camellón, que recién habíamos pasado, vi con gran asombro que la SUV blanca estaba ahora en frente de mí, conduciendo a un lado del semirremolque.

«¿Cómo diablos pasó eso?»

Miré mi defensa delantera y noté que no estaba a más de sesenta centímetros de la llanta trasera de esa camioneta. De hecho, no podía siquiera ver la parte más baja de sus llantas traseras, así de cerca estaba. Era absolutamente imposible que se hubiera apretujado de alguna forma entre mí y ese semirremolque.

«Imposible».

Observé el vehículo delante de mí, y nunca olvidaré a la mujer en esa SUV. Estaba saltando hacia arriba, hacia abajo y hacia los lados.

No sé qué había experimentado ella, pero claramente sabía que algo acababa de suceder que no debería haber sucedido de acuerdo a las leyes de este mundo.

Una vez más, mis ángeles me habían perdonado la vida. ¿O habían sido los grises? Quienquiera que fuera, sentí gratitud. No quería morir de esa forma, dejando atrás dolor y asuntos sin resolver para mis seres queridos. Mi perro nunca se despertó, simplemente permaneció enroscado en mi regazo, totalmente ajeno a lo que acababa de suceder.

Compartí mi historia con pocas personas, pero ellos lo minimizaron bastante, diciendo que debí haber juzgado mal la distancia entre mi auto y el semirremolque. No. No lo hice. Pero sí dejé de hablar de eso.

Es otro ejemplo más de cómo la mente humana no puede aceptar fácilmente nada que no esté dentro de los confines de cómo hemos sido enseñados que este mundo debería funcionar.

Pero, para mí, fue una validación más de que existen dimensiones y mundos dentro de mundos. Hay tanto más sobre quiénes somos y cómo es nuestro mundo, de lo que somos capaces de ver, tocar, sentir, oír o saborear.

Viviendo en el ahora

Pasé el invierno y un poco más en el desierto, permitiendo que la energía sanadora que reside ahí, hiciera su magia. Aprendí a observar mi vida desde una perspectiva más alta y permitir que los milagros se mostraran en el día a día, a medida que buscaba respuestas a las mayores preguntas de la vida. Eventualmente, llegué a entender que mis aparentes pérdidas eran una limpieza de lo viejo, para que pudiera dar paso a lo nuevo. No solo una vida nueva sino una forma nueva de ver la vida.

Llegué a apreciar el viaje en el que estaba, y aprendí a ceder mi voluntad y confiar en un poder superior. Ceder es una palabra extraña. Implica debilidad, pero ahora sé que es una muestra de fortaleza el creer en tu ser superior y vivir en alineación con esa energía, en lugar de intentar controlar la vida desde la perspectiva limitada que tenemos en este mundo tridimensional.

Aprendí a vivir en el momento del «ahora» y, a medida que lo hacía, todo comenzó a fluir sin esfuerzo. Me rendí a intentar arreglar mi vida rota. Me rendí en mi lucha contra la vida. Realizaba una oración de rendición cada mañana. Al hacerlo, supe sin lugar a duda, que lo que fuera que se me mostrara era por mi mejor y más alto interés, incluso si al principio no lo parecía. Una y otra vez fui testigo del milagro de vivir la vida en plena confianza.

Da y su equipo reaparecen—septiembre del 2010

Era septiembre del 2010 y yo estaba en casa en Wisconsin cuando Da y unos pocos de sus compañeros aparecieron de pronto en mi habitación, una noche. Mi compostura y tranquilidad fueron una sorpresa agradable para mí, pero no tomaré el crédito completo por eso, ya que estoy segura de que ellos me tenían en un estado alterado. Saludándolos como si fuera un hecho cotidiano el tener extraterrestres apareciéndose a mitad de la noche, serenamente les pregunté qué hacían de vuelta aquí. Es técnicamente insólito para ellos el abducir o involucrarse en la vida de cualquiera, pasada cierta edad, y yo ya había pasado esa edad hacía tiempo.

Da parecía insultado. —Te dijimos que volveríamos cuando los cambios en la Tierra comenzaran, y esos cambios están sucediendo ahora. Sabes el entrenamiento que se te dio. Hay trabajo por hacer. —Esa fue su respuesta sensata, típica de él.

—¿Así que tengo que hacer ese asunto de las lecturas de luz? —Yo estaba, de hecho, algo emocionada cuando respondí.

—Ya se ha hecho —dijo Da, aún sin andarse con rodeos.

—¿Qué? ¡Lo hicieron sin mí! —contesté.

—No —me dijo—, lo hicimos contigo. Sólo que no lo recuerdas.

Estaba realmente desanimada por esa información y así se lo expresé a él. Quería saber cómo era eso posible y cuándo había sucedido. Luego me detuve, a medida que me daba cuenta de lo que implicaba lo que se me acababa de decir.

—Espera, ¿la humanidad no logró pasar el corte? —pregunté con pavor, sin querer escuchar realmente la respuesta.

Él rápidamente «dejó caer» la información en mi mente, y era enorme. Impresionante.

Luego, debido a que estoy segura que él sabía que era mucho más de lo que yo podía comprender, la sacó de nuevo, «sonrió», y siguió diciendo: —En términos que puedes comprender: básicamente, el tiempo, tal como tú lo conoces, fue suspendido por tres días el 9 de noviembre de 2009, y a cada ser se le dio la opción de permanecer en el planeta o partir. Aquellos que estuvieron inseguros o cerca de estarlo, fueron asistidos con su decisión.

Se me dio más información que básicamente decía que el planeta estaba evolucionando, de hecho, moviéndose hacia un espacio nuevo, una nueva dimensión. Aquellos que estaban listos, harían ese cambio con ella, pero aquellos que no lo estuvieran, se marcharían, ya que no les sería posible quedarse. De nuevo, él me recordó sobre los diferentes niveles de vibración y cómo la energía positiva y negativa no podía compartir el mismo espacio.

Da y su banda continuaron mostrándose por varias semanas más. Lo que me dijo fue que ellos estaban trabajando para «elevar mi vibración», para que estuviera más alineada con la nueva Tierra.

Cuando le pregunté el propósito de eso, me dijo que era para que yo pudiera ayudar más.

Para ese entonces, yo no tenía ni idea de a qué podría estarse refiriendo con eso.

Da me dijo: —Habrá caos y confusión, a medida que se intensifica la vibración del planeta. Aquellos que no estén alineados a las frecuencias más altas, sufrirán, ya que lo viejo cae para darle espacio a lo nuevo.

Los síntomas físicos que llegaron junto con la elevación de mi vibración fueron bastante intensos, y yo fui sometida a una gran cantidad de malestar, pero había aprendido a confiar en donde fuera que me hubiera metido a mí misma, con estos seres de dimensiones más elevadas. Había tomado la decisión de confiar en Da y no cuestionar sus motivos nunca más, o eso pensé.

Recordatorio de Da

La actividad fue bastante intensa durante este periodo de tiempo, y fue solamente alrededor de una semana después, que tuve una interacción inquietante con ellos. Como había sido últimamente el patrón, era mitad de la noche, y yo estaba al tanto de su presencia en la habitación. Los sentía trabajando conmigo mientras me tenían en un estado de consciencia alterado.

Da me explicó que ellos estaban, una vez más, ajustando mi nivel de vibración.

Yo me estaba comunicando con él más en mi mente, pero también podía escucharme a mí misma balbuceando algunas palabras en voz alta.

Mi pareja estaba a mi lado, y más tarde me dijo que podía entender algunas cosas de lo que yo estaba diciendo, así que él tenía una idea de lo que estaba sucediendo, pero no era capaz de estar completamente consciente.

Finalmente, ellos completaron su tarea, y yo me desperté por completo, tal como mi compañero.

Yo creí que mi sesión con ellos se había terminado, pero entonces escuché a Da diciendo que tenía un mensaje para mí, y que necesitaba ir a mi computadora para verlo. Mi laptop estaba apagada y sobre una otomana en una alcoba, dentro de mi habitación.

Su mensaje no tenía sentido para mí. Además, yo estaba tan cansada que apenas y podía moverme, y debo admitir que la idea de levantarme no era apetecible. Estaba fuera el estado en el que fuera que me habían mantenido mientras hacían su trabajo, pero ahora que estaba completamente despierta, la idea de caminar a través de mi habitación oscura mientras había ahí seres extraterrestres, me asustó un poco.

—No, no saldré de mi cama para leer tu mensaje. Sólo dime lo que es —le dije con firmeza.

De nuevo, él dijo que necesitaban que fuera a ver a pantalla de mi computadora. «¿Es una broma?», pensé—.

No —dije con cansancio, pero firmemente.

E inmediatamente en el techo, sobre la cama, apareció una pantalla azul, bastante parecida a una computadora o televisión. Era de unos 45 o 50 centímetros cuadrados, y en el centro de la luz azul brillante, estaba la imagen delineada con negro de una cabeza alienígena. Los ojos eran suyos, tal como la forma. Le pregunté a mi pareja si lo podía ver y, por supuesto, podía verlo. Le pregunté si sabía lo que era, y él me contestó que era la cabeza de un extraterrestre, un gris.

Ambos permanecimos acostados, mirándola quizá por medio minuto.

Yo comenzaba a molestarme. No sé si estaba más enojada con ellos o asustada. Me sentía relativamente segura, a pesar de que estaba completamente consciente de que me estaba comunicando con extraterrestres, pero ahora estaba empezando a enloquecer. Quería que desapareciera, le grité a mi compañero que hiciera algo al respecto.

—Haz que se vaya —me quejé.

Rápidamente, él saltó de la cama, fue hacia la alcoba y cerró con fuerza la tapa de la computadora. Curiosamente, eso hizo que la imagen desapareciera.

Más tarde, cuando le pregunté cómo supo hacer eso, él no tenía realmente una respuesta. Ninguno de los dos recuerda si la computadora había vuelto a encenderse, con una pantalla azul, o si aún estaba negra.

Pocas noches después, intentamos recrear la escena. No llegamos demasiado lejos. Era ridículo incluso intentarlo. Sencillamente no había forma en que una computadora, ni ninguna luz, para el caso, estuviera en esa alcoba y proyectara hacia el techo mostrando una imagen como la que habíamos observado. Simplemente no era posible. Hay medias paredes con pilares y una lámpara de piso en el camino, pero aun así, una luz no se proyectaría en el techo desde esa habitación ni daría esa clase de imagen nítida.

Durante semanas después de ese episodio, yo estuve molesta, realmente molesta con ellos por sacar un truco tan adolescente. Desde mi perspectiva, me había encontrado con ellos más de la mitad de las veces permaneciendo tranquila, y había estado bastante orgullosa de ese logro. El que ellos me asustaran a propósito, me parecía ridículo, pueril y fuera de lugar, con la seriedad de lo que estábamos haciendo.

No obtuve una respuesta acerca de qué se trató eso, hasta más de un año después. Alrededor de la Navidad de 2011, ellos volvieron y yo tuve la oportunidad de preguntarle a Da por ello. He aquí cómo se dio el diálogo:

—Así que, ¿por qué hicieron eso? —Refiriéndome a la imagen en el techo de mi habitación.

—Sesión de fotos.

—¿Sesión de fotos? ¿Sesión de fotos? ¿Qué? ¡oh, para el libro! Maldita sea, ¡tienes razón! Eso hubiera sido asombroso. Cielos, ¿por qué no pensé en eso? ¡Mi teléfono estaba justo ahí! Maldita sea, eso hubiera sido genial. Dame otra oportunidad, ¿quieres?

—Quizá. De hecho, ese no era el propósito —dijo Da sorprendido.

—¿En verdad? ¿Entonces de qué se trató todo eso?

—Tiendes a hablar contigo misma, fuera de estas experiencias. Te convences a ti misma de que eso no es real. Necesitamos que comprendas que «es» real. De verdad hemos estado aquí trabajando para ayudarte a elevar tu vibración, y el cambio para la humanidad «realmente» está sucediendo. Esto no es un sueño. Así que nos mostramos a ti de la mejor manera que sabemos, sin crearte pánico.

—Lo tengo. Tiene sentido. Pero, ¿pueden hacerlo de nuevo, para obtener una imagen para el libro?

—¿Estás segura de poder manejar el miedo? Vemos que no estás sola.

—No lo sé, lo intentaré.

—Ya veremos. No recuerdas tomar fotos cuando ves nuestras naves.

—Pero eso no es justo. Es emocionante. Quizá puedan ayudarme recordándome que tome una foto.

—Considera esto como tu recordatorio.

La información que salió de esa conversación fue en realidad esclarecedora para mí. Había andado por ahí, sintiéndome bastante perturbada y justificando mi enojo. Lo había visto desde mi perspectiva, una perspectiva que estaba siendo aún percibida a través de un velo de miedo, aunque un velo delgado, pero era aún suficiente para distorsionar y colorear la experiencia.

Una vez más, la lección dio en el blanco. Nada visto a través de los ojos de una emoción intensa, especialmente miedo, sería visto claramente. Simplemente no es posible. La razón que me dio Da, me hizo sentido. La explicación no era una a la que yo hubiera llegado por mi propia cuenta. Estaba tan lejos de lo que yo había estado pensando, que yo nunca le hubiera atinado a tal cosa. Él estaba en lo cierto. Si yo no hubiera visto esa imagen en mi techo y yo no hubiera sumado la confirmación de alguien más viéndola, me hubiera convencido a mí misma de que eso de «elevar mi vibración, mientras estaba en un estado alterado», no era nada más que un sueño. A pesar de haber estado experimentando síntomas físicos durante el periodo completo en que sucedió.

Toto, creo que ya no estamos en Kansas.
Dorothy (El mago de Oz)

CAPÍTULO 12:
Despertando del sueño

Participación activa con los grises—invierno 2011

La estancia cada invierno en Arizona, se había vuelto un ritual para mí, y el año de 2011 no fue la excepción. ¿Qué tiene el desierto que tiene el poder de transformar y renovar a una persona? Me había tomado al menos tres años el apreciar completamente la belleza que estaba presente en la extensión árida de cactus y arena. Ya no veía más un tramo de paisaje café inhóspito, sino una magnífica abundancia de vitalidad y energía. Diariamente caminaba kilómetros y kilómetros por el desierto, mientras practicaba silenciar mi mente mediante el estar presente. Aprendí a alejarme del parloteo sin sentido que había en mi ego y me sintonicé con la quietud pacífica del espíritu.

Estaba despertando del estado inconsciente en el que había pasado la mayor parte de mi vida. A medida que restablecí mi relación con mi Creador, comencé lentamente a recordar la verdad de quién era yo. Continué mi práctica diaria de rendición y permití que mi vida fuera dirigida por la energía tranquila y amorosa de mi Ser Superior. Mientras más practicaba esta forma de vida, más fácil se volvió, y observé cuán fácilmente se mostraban los eventos y sincronicidades ante mí, siendo exactamente la experiencia que necesitara para continuar mi crecimiento y despertar.

Durante este tiempo, Da y su banda volvieron a mi vida con una venganza. Yo estaba bastante agradecida de no tener un trabajo en el que tuviera que estar cada mañana, ya que necesitaba estar disponible para dormir o tomar siestas cuando la actividad se intensificaba. Hubo muchos días en que sentí el desgaste en mí y estaba exhausta por rebotar entre las dos vidas que estaba viviendo. Mi vida siempre había tenido una extraña cualidad, pero en ese momento se tornó surreal.

La interacción con los grises cambió bastante de lo que había experimentado a finales de los años 80. Ahora era una participante activa y prácticamente ya no experimentaba miedo alguno. Mi contacto con ellos fue casi constante a través del invierno y primavera de 2011/2012, y yo estuve preguntando por un entendimiento más claro de lo que estaba sucediendo. No lograba entender por qué necesitaba pasar tanto tiempo con ellos en su vibración, y lejos de lo que yo comenzaba a denominar mi vida terrestre.

Tal como fue con casi todas mis peticiones, ellos me concedieron una respuesta. Ya tenía tiempo de haber entendido que yo no era una víctima, sino una participante voluntaria para alguna clase de programa. El recuerdo de ese programa se estaba volviendo cada día más y más claro, y me fascinaba. Sabía sin duda que había aceptado venir formalmente al planeta Tierra, para poder ser de ayuda para ella durante este periodo crítico en su evolución.

Nada, aparte de dar a luz a mis hijas, se acercó siquiera a cómo se sentía esto, el saber la razón de por qué estaba yo aquí y, finalmente, comprender por qué había tenido ese contacto tan intenso con extraterrestres a lo largo de toda mi vida. Fue un gran alivio y todo tuvo sentido. Una vez que lo supe, se sintió como si ya lo hubiera sabido toda mi vida. «¿Cómo es que no había logrado conectar los puntos desde antes?»

Todo era tan impresionantemente claro para mí. Sólo podía deducir que no estaba destinada a saber esto hasta ese instante en particular. Como con todo lo demás relacionado con este tema, todo había sido planeado bastante bien desde un inicio, y yo aprendería lo que necesitara aprender «cuando» lo necesitara aprender, y no antes.

Me di cuenta de que mis abducciones habían servido para múltiples propósitos. Una de las razones principales de que hubiera habido tanto contacto, era mantener mi cuerpo sano y salvo, he ahí la razón para todos los exámenes y procedimientos aparentemente invasivos. Otra razón fue para mantener intacta mi conexión con ellos, es decir, permitirme un descanso de la densidad de la vibración de este planeta, mientras monitoreaban mi estado general y, de esa manera, tuve la explicación al por qué de la primera pregunta que siempre me hacía Da: «Sherry, ¿eres feliz?»

La inclemencia de este mundo era discordante, y no había sido una adaptación fácil para mí. No se les permitía decirme la verdad de lo que estaba sucediendo, pero sí intentaron sutilmente recordarme mi misión y mantener mi concentración en el rol que tenía destinado tomar a través de sus enseñanzas y lecciones. Sabiendo perfectamente que estaba desplegando signos de grandiosidad y fantasía, no podía negar que finalmente sabía la verdad de mi implicación de toda la vida con estos chicos. «Ellos eran mi familia».

Esta nueva revelación no fue fácilmente aceptada por mí. Sentía en mis entrañas que era verdad. Absolutamente lo «sabía», no obstante, era tan extraño, que el lado racional de mi mente quería debatir y argumentar el tema.

Conociendo a mis hijos híbridos

Entonces, sucedió algo gracioso. Comencé a experimentar un anhelo profundo por esa vida, es decir, la vida que sabía que estaba viviendo cuando no estaba concentrada en este mundo. Así que decidí pedir un favor. Quería tener una reunión consciente con mis hijos, quiero decir, mis hijos híbridos. Sabía que había tenido unos cuantos descendientes, nacidos de los óvulos que Da me había quitado a lo largo de los años.

Para mi asombro total, se me concedió mi petición. A los pocos días, se me llevó a lo que parecía ser una granja completa, con una magnífica casa blanca de dos pisos y edificios anexos dispuestos en colinas verdes. Se parecía bastante a Wisconsin. Me llevaron hacia un pastizal verde, hermoso y cuidado, que se extendía frente a mí por una gran distancia. Se me indicó que me parara en un punto específico, viendo hacia el valle. Había colinas altas y empinadas hacia mi izquierda, cubiertas de plantas verde esmeralda y una variedad de follaje extraño. Hacia mi derecha estaba la granja, varios grupos pequeños de personas y árboles altos, magnificentes.

Delante y detrás de mí, podía ver cómo traían a otros humanos, la mayoría eran mujeres, pero había algunos hombres entremezclados. Estimaría que éramos alrededor de tres docenas de nosotros, de pie sobre ese pastizal, todos mirando hacia la misma dirección, alineados uno detrás de otro, a una distancia de unos 10 metros entre cada uno. Después, procedieron a sobrevolar. Se me dijo que eso se hacía como tributo hacia nosotros que habíamos participado activamente en el programa híbrido y habíamos estado «detrás del velo» para servir a un bien mayor, así que este honor no era sólo para mí, sino también para otros que habían contribuido de modo similar.

Las naves eran las pequeñas, plateadas y brillantes que no tenían más de seis metros de circunferencia. Había cientos de ellas; llegaron de todas direcciones y convergieron en el extremo más alejado del valle, detrás de mí. Yo observé maravillada a medida que se formaban en una sola línea y volaban sobre nuestras cabezas, muy bajas y rápidas, y, por extraño que parezca, sobre su costado. Fue un espectáculo sorprendente y tuvo gran impacto en mí. Esta era su forma de mostrar respeto y gratitud, y fui impactada con el conocimiento de cuán real era todo esto. El trauma que había experimentado, junto con todos los demás «abducidos», estaba siendo reconocido, aceptado y apreciado por ellos. Fue ahí cuando me di cuenta de que todos habíamos sido parte de algo más grande y más significativo de lo que nunca imaginamos. Era alucinante y humillante, todo al mismo tiempo.

Después del desfile aéreo, se me llevó hacia una muralla de piedra de dos niveles, ubicada en la gran zona de pasto frente a la casa. Había alrededor de dos docenas de jóvenes adultos sentados y paseando por la muralla. Ellos parecían tener un rango de edad de unos 16 a los últimos 30 años. Me dijeron que ellos eran algunos de mis hijos. Fue un momento emocional para mí, y, efectivamente, sentí como si los conociera, pero en un nivel diferente de consciencia. Como muchas otras cosas relacionadas con este tema, es difícil de explicar.

187

Cada uno, por turnos, dio un paso hacia adelante y me abrazó, a medida que se presentaban de nuevo conmigo. La emoción prevalente fue amor y respeto. Yo consideraría que todos ellos se veían bastante normales, humanos atractivos, a excepción de una joven, que supongo que tenía unos treinta años. Ella tenía una luz hermosa, brillante, pero no era una humana típica. Aparentemente, tenía otra influencia fuerte en su ADN que la distinguía. Todos eran personas felices, interesantes; por otra parte, todos eran de una vibración que no se encuentra en el planeta Tierra.

Más cosas sucedieron durante esa reunión, pero no es mi deseo compartirlo. Es simplemente demasiado personal, pero, aunque no fuera así, hay mucho que no puedo recordar o que no me fue permitido retener, lo cual está bien; algo más hubiera sido una sobrecarga. Yo me sentí de maravilla por días después de que esto sucedió, pero inicialmente, mis emociones estubieron un tanto mezcladas.

Nunca dudé sobre la realidad de esta experiencia. Te puedo entender a ti, lector, dudándolo. Creo que probablemente yo lo haría, de ser tú, pero definitivamente fue real, y me llevó algo de tiempo ordenar los sentimientos que experimenté. Anhelaba volver a ese lugar, pero ciertamente no estaba lista para dejar este mundo para siempre, a efectos de lograrlo. Mis emociones eran una mezcla de alegría y tristeza, a medida que rebotaba entre el amor que sentía por esos seres y mi profunda añoranza por estar con ellos. Después de todo, ellos son mis hijos, sin importar las circunstancias de su nacimiento.

Este regalo de Da ayudó a solidificar la nueva perspectiva que había obtenido recientemente. El tributo aéreo pareció confirmar para mí la verdad de mi participación en este programa: había sabido, aún antes de venir aquí, cuál sería mi rol. Esto explicaba mucho. Reflexioné mucho en todas las veces en que había rogado a Da que me dejara quedarme con él, ya que me sentía más en casa estando con ellos, de lo que me había sentido alguna vez aquí; y también en todas las veces que miré profundamente mis propios ojos, después de haber estado en su presencia, siempre buscando una clave para encontrar la verdad de quién era yo, intentando recordar lo que había sabido tan solo unos momentos antes, antes de que mi memoria fuera borrada.

Lo mejor de todo fue que este conocimiento recién adquirido, confirmó mi creencia de que uno no puede ser víctima. Como para dar soporte a esta nueva revelación, pronto me crucé con un video en línea de la autora, conferencista y maestra, Dolores Cannon, con quien yo resonaba fuertemente; sabía que no me había topado por accidente con eso. Literalmente lloré de alivio al saber que no era la única pensando en estos temas. No estaba sola. Había millones de nosotros que nos habíamos ofrecido como voluntarios para venir a la Tierra en este momento, para ayudar con el renacimiento del planeta y la humanidad, hacia la siguiente fase de su evolución.

Consciencia creciente sobre las dificultades de la humanidad

A medida que aumentaba mi consciencia, también lo hizo mi comprensión de la difícil situación de la humanidad. De dónde provino este conocimiento, no puedo estar segura, pero casi se sentía como si estuviera recordando un evento o una vida que había experimentado antes de venir a este planeta. Casi podía verme a mí misma en esa otra dimensión, sabiendo del grito de ayuda de Gaia y sabiendo que yo tenía que responder. Yo, junto con muchos otros, acordé venir a este mundo denso tridimensional, en un esfuerzo por elevar la vibración de la humanidad desde el oscuro lugar al que se había desplomado.

El planeta Tierra es un ser viviente y sintiente, y ella ha frenado deliberadamente su propia ascensión, mientras esperaba a que sus hijos evolucionaran hasta el punto en que ellos pudieran realizar el viaje junto con ella hacia frecuencias más elevadas. Pero, una y otra vez, a medida que los humanos alcanzaban el punto crítico, el miedo, tan prevalente en ellos, provocaba un fallo, y se mantenían atascados en la vibración tridimensional. El no poder interferir con el desarrollo de otro planeta es una ley inviolable del universo, así que, mientras el resto del universo continuaba con su viaje de evolución, el planeta Tierra y sus habitantes se quedaron atrás para encontrar su propio camino.

Luego, en 1945, los humanos terrestres dividieron el átomo y crearon devastación, no sólo para su propio planeta, sino también para otros planos dimensionales, y el grito de auxilio salió desde Gaia hacia la Fuente. Dado que toda la naturaleza de la creación es experimentar por sí misma y evolucionar, no es sorprendente que el comportamiento malicioso de esos pocos humanos haya atrapado la atención de nuestros vecinos galácticos. El universo es un lugar bastante estructurado y organizado; este tipo de acción descuidada no podía ser ignorada. Los humanos estaban, una vez más, en un camino de autodestrucción, sólo que, esta vez, no iban a poner fin sólo a su propia evolución, sino que iban a destruir también al planeta. Eso no se podía permitir y no sería permitido. Gaia estaba lista para seguir, con o sin sus hijos.

El cuerpo enfermo de Dios/Tierra

En 2009, se me dio una visión que apoyaba esta información. Estaba sentada en mi cama mirando hacia fuera por la ventana, sin pensar en nada realmente, cuando sentí como si hubiera sido levantada muy rápidamente, fuera de mi cuerpo, y lanzada hacia el cosmos. Sucedió muy, muy rápido, y en cuestión de segundos, estaba más allá de las estrellas y mirando hacia abajo a nuestro universo.

Todo tenía la forma abstracta de un hombre. Había una quietud muy, muy intensa y un silencio profundo, que me movían más allá de las palabras. Sabía que estaba en la eternidad, es decir, atemporalidad, y muy felizmente me hubiera quedado ahí para siempre. La paz y el amor eran omnipresentes.

Entonces, de pronto una voz gentil dijo: —Este es el cuerpo de Dios.

Antes de que yo tuviera siquiera el tiempo para considerar lo que se me había dicho, estaba yendo precipitadamente de nuevo hacia esas estrellas y planetas, hasta que reconocí nuestro hogar, la Tierra. Estaba localizado en el segmento izquierdo de lo que se me había dicho que era el cuerpo de Dios. A medida que nos acercábamos más y más, fui capaz de discernir que esta pequeña célula, nuestra Tierra, que formaba parte de la totalidad, no era una célula sana. Estaba enferma.

—Ella está enferma. Se los quitará de encima si es necesario —dijo la voz.

Y yo observé el cáncer que era la humanidad—.

¿Lo comprendes?

Luego, ¡plunk!, estaba de vuelta en mi habitación y sobre mi cama. Todo sucedió tan rápido. Yo estaba sorprendida y perturbada por la experiencia. Estaba clara la connotación. Nosotros, la raza humana, éramos como un parásito sobre el planeta, destruyendo e infectando nuestro hogar. Ella, la Tierra, es un organismo vivo, y ha llegado a su límite. El tiempo de la humanidad estaba a punto de terminar. Una de dos, o nos despertábamos y dábamos cuenta de lo que estábamos haciéndonos unos a otros y al planeta, o pagábamos las consecuencias.

La decisión del planeta Tierra de moverse hacia la 5ª dimensión, presentó un reto para los humanos residiendo sobre su cuerpo. La mayoría no estaban listos vibracionalmente para hacer ese cambio. Pero, aún así, el creador decretó que era hora para que los hijos de la Tierra despertaran. Se habían mantenido perdidos en su sueño de separación el tiempo suficiente, pero, ¿cómo hacer, desde nuestra familia galáctica, que eso sucediera sin interferir directamente?

Un llamado de ayuda

Los poderes que supervisan el universo, decidieron que enviarían seres de dimensiones superiores, es decir, nacerían en forma humana, en un esfuerzo por elevar la consciencia del planeta. Y así salió el llamado desde la Federación Galáctica de Luz, pidiendo voluntarios. Fue un plan agresivo, osado. El asunto sobre la experiencia terrestre, no es solo que estás pisando uno de los sistemas de más baja vibración, sino que es un mundo único como ningún otro.

Verás, en el planeta Tierra, la especie humana ha caído tanto en el miedo, que han olvidado su conexión con la Fuente. Han olvidado que eran uno mismo con el Creador, y así, han quedado atrapados en un ciclo de muerte y reencarnación. Este mundo tiene algo diferente a cualquier otro planeta, el karma. Para poder experimentar el karma, uno debe llegar con un velo del olvido plantado firmemente en su lugar. Sin conexión con la Fuente, rápidamente comienzas a creer que eres un cuerpo. Ya no conoces más la verdad acerca de quién eres, es decir, un ser eterno jugando en forma. En lugar de eso, te sientes solo y abandonado.

No siempre fue así en el planeta Tierra. Originalmente, los primeros humanos vivían largamente, de 700 a 1000 años, en plena consciencia de su conexión con la Fuente. Ellos comprendían la verdad de quiénes eran, y así, sus cuerpos no enfermaban ni morían. Vivían en consciencia unificada, en unicidad. Cuando ellos sentían que su espíritu había aprendido todo lo que podía hacer en esta dimensión, ellos simplemente ponían el cuerpo a un lado y ascendían al siguiente nivel. Esta utopía continuó por algún tiempo, con el planeta Tierra siendo uno de los lugares más hermosos y amorosos del universo.

Involución de los seres terrestres

Entonces, llegó un momento en el que Gaia se ofreció voluntaria para aceptar a algunos seres de vibraciones más bajas, que habían fallado en evolucionar con el resto de sus razas. Su planeta y la mayoría de los habitantes, ascenderían hacia la siguiente dimensión, pero esas almas aún no estaban listas para subir por la escalera. Desde el amor y la compasión, el planeta Tierra y sus hijos acordaron tomar a estas almas perdidas, descarriadas, creyendo que el amor y la luz, tan prevalentes aquí, los despertaría, haciendo así la ascensión algo posible para ellos.

Desafortunadamente, eso no fue lo que ocurrió. En su lugar, esos seres más densos, trajeron el caos al planeta. Trajeron con ellos la idea de la separación, que produjo culpa. En lugar de vivir en la luz, conscientes de su conexión con el Creador, los humanos comenzaron a sentir el miedo, a medida que comenzaron a creer que eran un cuerpo. Rápidamente comenzaron a involucionar. Estos seres de más baja vibración, han permanecido en el planeta Tierra ocasionando mucho dolor y sufrimiento para las almas gentiles que originalmente estaban aquí. Y, por si fuera poco, el bajar tanto la frecuencia vibracional del planeta, atrajo a otros seres de baja vibración hacia la Tierra. Gaia y sus hijos dejaron de evolucionar y permanecieron languideciendo en el estado tridimensional por eones más de lo que se pretendía originalmente.

Los humanos terrestres han realizado varios intentos de evolucionar hacia la 5ª dimensión, pero cada vez, todos excepto unos pocos, fallaron en la ascensión. Hay aquellos residiendo en el planeta que tienen un interés particular en ver a la Tierra y sus hijos permaneciendo en la dimensión más densa. Estas fuerzas controladoras no serán capaces de detener al planeta de ascender; sin embargo, pueden tener un impacto sobre los humanos. Aquellos que no se vayan con el planeta, no estarán perdidos para siempre, todos ascenderán, eventualmente. No puede suceder de otra manera; en el fondo todos somos eternos hijos de Dios, creados en amor.

No podemos morir, pero puede llevarnos tiempo, mucho tiempo, llegar a donde queremos y llegaremos, en algún momento. Ese es nuestro libre albedrío, permanecer en la realidad tridimensional o moverse hacia la 5ª dimensión.

Mi única pregunta para ti es: «¿Por qué? ¿Por qué elegiría alguien permanecer en este mundo de dolor y separación?»

Los voluntarios comenzaron a aparecer en la Tierra a finales de los años 40. Muchos no se quedaron por mucho tiempo. La densidad del cuerpo humano, junto con el sistema de pensamientos basados en miedo, tan prevalentes, era sencillamente demasiado para esas almas acostumbradas a vivir en consciencia. De cuerdo a las reglas del juego, todos teníamos que olvidar la verdad de por qué estábamos aquí, e incluso olvidar nuestra conexión con Dios. Fue muy doloroso. Experimentamos la mayor tristeza, nos sentimos con nostalgia abrumadora y estábamos genuinamente asustados de la especie humana. Guerra, avaricia, violencia, dominación de unos sobre otros, fueron experiencias nuevas para nosotros, y no nos gustaba ni un poco.

Recuerdo, cuando era muy pequeña, mirar mi cuerpo y preguntarme cómo podía quitármelo de encima. No encajaba bien conmigo el estar así de contenida, dentro de una forma tan densa y pequeña. Era demasiado limitante. Comparaba el cuerpo humano con un abrigo o una prenda pesada. No se sentía natural para mí, pero pronto, yo también comencé a creer que eso era lo que era y quién era yo. Prácticamente había olvidado mi conexión con la Fuente.

Y es por eso que necesité pasar tanto tiempo con Da, para que no experimentara una desconexión total. Haber nacido en el planeta Tierra y vivir en esta sociedad, suavizó mi imagen acerca de los humanos y me hizo mucho más compasiva hacia ellos y hacia el desafío tan abrumador que enfrentaban en su despertar. En esencia, los humanos son seres increíblemente amorosos y compasivos, pero han sido encarcelados por tanto tiempo en esta baja densidad, que no es de extrañarse que hayan olvidado quiénes son. No me sorprende que muchos ni siquiera se den cuenta de que ahora es el tiempo para despertar. Están perdidos en sus sueños de miedo y separación.

Despertando a nuestra naturaleza centrada en el corazón

Entonces, ¿qué significa despertar? Creo que a estas alturas está claro que significa recordar la verdad de quién eres. Pero, más que eso, es vivir esa verdad al volverte un ser centrado en el corazón. También significa volverse consciente sobre lo que sucede a tu alrededor, es decir, sin miedo a ver la verdad sobre cómo los humanos hemos sido controlados y dominados. Estos serán tiempos desafiantes, a medida que el engaño y las mentiras perpetradas sobre nosotros continúan surgiendo hacia la superficie, para que nosotros lo veamos y sanemos.

Seremos llamados a perdonar sin juzgar a aquellos que se aprovecharon de la humanidad, a través de la manipulación y el poder. Necesitamos recordar que no hay tal cosa como ser víctima. Todos quienes están aquí, han acordado venir a este mundo y jugar un rol en un sistema basado en la dualidad. No puede haber juicio contra aquellos que jugaron el rol del atormentador. Estamos construyendo una nueva Tierra, una de consciencia unificada. Por favor, acepta el mensaje que nos dio Da. Se nos entregó con amor para ayudarnos a levantarnos a nosotros mismos, para salir del mundo que hemos estado cocreando, basado en el miedo.

El universo entero te venera y aprecia por las lecciones que han tenido lugar por tus experiencias sobre la Tierra. Nunca más se permitirá que un planeta caiga tanto hacia la oscuridad. Tú eres resiliente más allá de lo que crees, y sorprendentemente innovador y creativo. Aquellos que han observado tu viaje y han visto con tristeza cómo se apoderaba el miedo de ti, te animan mientras tú te levantas una y otra vez. Ellos están inspirados por tu perseverancia, determinación, coraje e imaginación. Pronto, los seres humanos se reunirán con su familia cósmica. Ellos quieren que tú sepas que te han extrañado, quieren que sepas que eres amado, y te dan la bienvenida de nuevo hacia la luz.

EPÍLOGO:
La promesa olvidada

Mi contacto con Da continúa hasta el día de hoy, pero he notado que mis experiencias ya no parecen ser tan físicas como fueron alguna vez. Aparentemente, estoy con ellos en un nivel astral, dejando mi cuerpo atrás la mayoría de las veces, lo cual está bien para mí. Ellos son una parte integral de lo que está sucediendo en el planeta en este momento, así que no espero que disminuya su actividad, y espero el día en que ellos puedan estar entre nosotros sin que nuestra especie tenga que alterar su vibración, ni, peor aún, experimentar miedo. Las personas más cercanas a mí están al tanto de este contacto, y bastante seguido comparten algunos de los encuentros o tienen su propio contacto. Les estoy extremadamente agradecida a mis maravillosos amigos por apoyarme y ayudarme a mantenerme firme. Y le estoy agradecida a Da. No estoy lista para compartir todo lo que él ha hecho para mantenerme cuerda y estable, pero ha sido milagroso.

Recientemente, tuve dudas bastante serias acerca de si debería permitir que se publicara este libro, o no. Me detuve en seco cuando mi hija me dijo que ella y su hermana estaban contemplando demandarme para evitar que se publicara el libro. Eso me destrozó. No tengo relación alguna con mi hija mayor, y una demasiado endeble, en el mejor de los casos, con mi hija menor, así que, cuando ella me dijo cuánta vergüenza le ocasionaba yo, me golpeó bastante fuerte.

Ella me imploró dejar de actuar y hablar tan locamente, diciendo que le estaba haciendo imposible vivir y trabajar en este pueblo. El mensaje de voz que me dejó, se sintió como puñetazos directo a mi estómago y me dejó tambaleando. Comprendía sus temores. Ciertamente, su respuesta fue la que la mayoría hubiera tenido. Ya se estaba corriendo la voz sobre el libro y, según ella, las bromas abundaban. Ahora bien, se me ha bendecido con indiferencia; es decir, ya no me defino por lo que otros piensan de mí, pero comprendo que no todo el mundo piensa de esa forma. Mi hija, como la mayoría, sí es sensible a las opiniones de otros sobre ella.

Le platiqué a mi mejor amigo que iba a pensar seriamente en desenchufar todo esto; parar las conferencias, parar el libro, pararlo todo y, como yo le digo, «volver a la matrix».

Él me preguntó si en realidad podría hacer eso en este punto. Yo le dije que tenía que considerarlo bastante, ya que el precio que estaba pagando era demasiado alto. No podría soportar perder contacto también con mi hija menor; eso era mucho pedir.

Mi hija dejó ese mensaje para mí el lunes, 13 de mayo del 2013, y esa noche me fui a la cama bastante segura de lo que sería mi decisión. Iba a sabotear todo, estaba cansada, demasiado cansada. Sentía como si me hubiera ganado el derecho a retirarme de esta «misión» en la que había estado. Conscientemente, volvería a la matrix, es decir, regresaría a jugar el rol de una persona «normal», con el objetivo de salvar lo que pudiera de mi vida y mi relación con mi hija, todo mientras recordaba la verdad sobre quién era yo; pero me reprimiría a mí misma de hablar sobre eso, y daría lo mejor de mí para mezclarme en sociedad.

Esa noche Da me hizo una visita. Su mensaje fue directo, ¡como si alguna vez pudiera ser nada más que directo!

—¿Es que has olvidado la promesa que hiciste? ¿Es que no recuerdas el juramento que tomaste?

Cuando le señalé la situación con mis hijas, él mostró gran compasión y amor hacia mí, pero me dejó claro que mis obligaciones eran por el bien común, y no para unos pocos. Luego, me mostró que el acceder a las demandas de mi hija, no beneficiaría para nada nuestra relación. Ella, eventualmente, lo vería como si yo estuviera permitiendo ser controlada y vería todo como debilidad. Ella perdería el respeto por mí. La lección para ella sería el verme perseverando, aún de frente al ridículo; verme manteniéndome firme a pesar de las dificultades y del costo.

Cuando él se fue, hizo un pequeño espectáculo de sí mismo, ya que hubo un destello de luz brillante, el crujido ensordecedor que ya era familiar y la descarga eléctrica que ocasiona que mi suministro eléctrico incremente y luego se apague. Fue exactamente a las 2 a.m., y yo me senté sobre mi cama, sosteniendo a mi Pookie y sonriendo ante sus payasadas.

Supe que había hecho eso para imprimirse en mi memoria. No quería que yo pensara que había soñado esa conversación; tenía que saber, como siempre, que esto había sido verdad. Esto no era una broma. Esto no era una fantasía solo imaginada. Esta era mi vida. Y es tan real como la vida de cualquier otra persona, ahora que lo pienso, era incluso «más real» que la vieja vida que había vivido como desarrollador inmobiliario y propietaria de un negocio. Ahora, aquella vida se sentía como la falsa.

Así que proseguí con la publicación del libro, a sabiendas de que no sería aprobado por todos, y sabiendo también que habrá aquellos quienes se burlarán tanto del libro, como de mí. Pero, el que creas que la historia es real o no, en realidad no me interesa ni es asunto mío. La verdad parece ser que se me programó para escribir este libro en un momento particular del desarrollo de la humanidad, y quienquiera que esté destinado a encontrarse con este libro y leerlo, lo hará.

Les he compartido los secretos de mi vida, cosa nada fácil de hacer para una persona reservada, como yo. La esperanza es que aprendas de mis experiencias. Comencé este viaje creyendo que yo era la víctima mayor, y lo terminé en un lugar de profunda paz. ¿Cómo es eso posible? ¿Cómo hace uno la transición desde un miedo abrumador hacia la paz total?

Como mencioné en más de una ocasión, encontré todas las respuestas que busqué dentro de «Un curso de milagros». El curso me enseñó que no es posible ser una víctima, y eso contestó una de mis preguntas más grandes, más urgentes: ¿En dónde está Dios dentro de todo esto? No hubiera podido nunca aceptar todo lo que sucedió y aún continúa sucediendo en mi vida, sin ese «Curso». Quizá, lo mejor de todo fue que las enseñanzas de «Un curso de milagros» coinciden con lo que Da me enseñó. Fue una gran confirmación.

Permitir que la paz entre en tu vida es, por mucho, el mayor regalo que te puedes dar a ti mismo, y ese es el regalo que te estoy extendiendo al contarte mi historia. No es una historia de miedo y dolor, sino la superación de una anomalía que amenazaba con sacudir las bases justo debajo de mí. Es la historia del amor triunfando sobre el miedo. Al trascender mi miedo, fui capaz de escuchar en realidad lo que mis aparentes captores me estaban enseñando, y ver estos encuentros por lo que en realidad fueron: un regalo. Un regalo que me forzó a ver la vida desde una perspectiva más alta, más clara; y, con solo hacer eso, aprendería la verdad de quién soy yo y por qué estoy aquí.

Espero que busques tus propias respuestas a las preguntas que todos deberíamos estarnos haciendo en este punto de nuestra evolución. Lo que resonó conmigo puede no funcionar para ti, pero, sí creo que todo comienza con la comprensión de la dualidad de la mente del hombre, y el conocimiento de que somos mucho más que tan solo lo que esta pequeña vida en el planeta Tierra nos ha hecho creer. Para mí, el renunciar al ego y la alineación de mi deseo con la Divinidad, fue esencial para alcanzar la paz. Sé que la mayoría de la gente en la Tierra valora su libre albedrío, así que cuando hablo sobre rendirse y alinear el deseo con el del Creador, sé que eso podría causar cierta inquietud.

Creo que la misma etiqueta «libre albedrío» es bastante engañosa. Debería llamarse «vivir en alineación con el ego», es decir, dejar que quien tenga la última palabra, sea la parte de ti que no tiene su mejor interés en el corazón. Mientras atesores tu «libre albedrío», y éste continúe dirigiendo tu vida de acuerdo a esa voz (el ego), te encontrarás a ti mismo bajo sufrimiento, porque estás esencialmente yendo en contra de la verdad sobre quién eres. Al rendirte ante tu deseo, no estás realmente cediéndole tu poder a alguien más, como se nos enseñó. Al contrario, somos uno con Dios, así que estamos alineados con esa parte de nosotros mismos que nos ama incondicionalmente. Ahora bien, ¿no tiene más sentido el vivir en sintonía con «esa» parte de nosotros, en lugar de con la parte que se basa en el miedo?

A medida que la humanidad se mueve a través de estos siguientes años desafiantes, habrá mucha confusión ya que lo viejo abre paso al nuevo paradigma. Te verás forzado a observar tus miedos y soltarlos a través del amor, en ambos niveles, el personal y como sociedad. Los principios expuestos en este libro, se dieron en un esfuerzo por ayudarte en este viaje. Mis chicos, conocidos por ti como los grises, tienen un profundo amor abundante por este planeta y sus hijos. Ellos quieren que lo sepas. Ellos han hecho y seguirán haciendo todo lo que les sea posible por asistir en la transición, pero no les está permitido interferir; pero no es que lo harían si pudieran. La interferencia sólo haría retroceder a la humanidad. Este es el viaje de tu alma. Nadie puede hacer ese viaje por ti, y tú no querrías que eso sucediera.

Así que te invito a ir en búsqueda de tu propia verdad. Y disfruta de la aventura. ¡Es increíble! Te advierto que recuerdes que las respuestas no serán encontradas a través del análisis, sobrepensamiento, o absorbiendo información. No, son simples. El cliché es cierto: las respuestas se encuentran dentro de uno mismo. Estuvieron ahí todo el tiempo. Se encuentran en la quietud. Lo que es realmente hermoso de esto es que, por cada persona que despierta, tiene el efecto maravilloso de jalar la vibración de toda la humanidad hacia arriba. Tal como fue señalado por Da cuando era apenas una niña, «todo comienza con uno».

Namaste.

LÍNEA DE TIEMPO

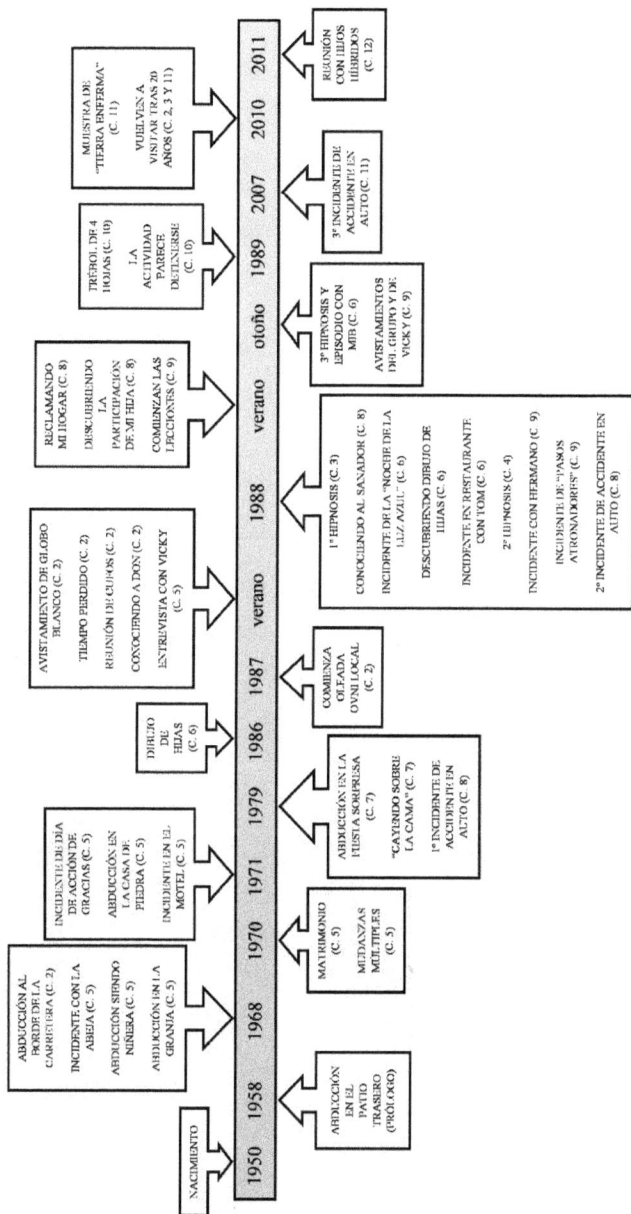

Años: 1950 · 1958 · 1968 · 1970 · 1971 · 1979 · 1986 · 1987 · verano · 1988 · verano · otoño · 1989 · 2007 · 2010 · 2011

- NACIMIENTO

- **1958:** ABDUCCIÓN EN EL PATIO TRASERO (PRÓLOGO)

- **1968:** ABDUCCIÓN AL BORDE DE LA CARRETERA (C. 2); INCIDENTE CON LA ABEJA (C. 5); ABDUCCIÓN SIENDO NIÑERA (C. 5); ABDUCCIÓN EN LA GRANJA (C. 5)
  - INCIDENTE DE DÍA DE ACCIÓN DE GRACIAS (C. 5); ABDUCCIÓN EN LA CASA DE PIEDRA (C. 5); INCIDENTE EN EL MOTEL (C. 5)

- **1970:** MATRIMONIO (C. 5); MUDANZAS MÚLTIPLES (C. 5)

- **1971 / 1979:** ABDUCCIÓN EN LA FIESTA SORPRESA (C. 7); "CAYENDO SOBRE LA CAMA" (C. 7); 1er INCIDENTE DE ACCIDENTE EN AUTO (C. 8)

- **1986:** DIBUJO DE HIJAS (C. 6)

- **1987:** COMIENZA OLEADA OVNI LOCAL (C. 2)

- **verano:** AVISTAMIENTO DE GLOBO BLANCO (C. 2); TIEMPO PERDIDO (C. 2); REUNIÓN DE CUBOS (C. 2); CONOCIENDO A DON (C. 2); ENTREVISTA CON VICKY (C. 3)

- **1988:** 1ª HIPNOSIS (C. 3); CONOCIENDO AL SANADOR (C. 8); INCIDENTE DE LA "NOCHE DE LA LUZ AZUL" (C. 6); DESCUBRIENDO DIBUJO DE HIJAS (C. 6); INCIDENTE EN RESTAURANTE CON TOM (C. 6); 2ª HIPNOSIS (C. 4); INCIDENTE CON HERMANO (C. 9); INCIDENTE DE "PASOS ATRONADORES" (C. 9); 2º INCIDENTE DE ACCIDENTE EN AUTO (C. 8)

- **verano:** RECLAMANDO MI HOGAR (C. 8); DESCUBRIENDO LA PARTICIPACIÓN DE MI HIJA (C. 8); COMIENZAN LAS LECCIONES (C. 9)

- **otoño:** 3ª HIPNOSIS Y EPISODIO CON MIB (C. 6); AVISTAMIENTOS DEL GRUPO Y DE VICKY (C. 9)

- **1989:** TRÉBOL DE 4 HOJAS (C. 10); LA ACTIVIDAD PARECE DETENERSE (C. 10)

- **2007:** 3er INCIDENTE DE ACCIDENTE EN AUTO (C. 11)

- **2010:** MUESTRA DE "TIERRA ENFERMA" (C. 11); VUELVEN A VISITAR TRAS 20 AÑOS (C. 2, 3 Y 11)

- **2011:** REUNIÓN CON HIJOS HÍBRIDOS (C. 12)

ACERCA DE LA AUTORA

Sherry Wilde
Sherry nació y creció en el suroeste de Wisconsin, y aún pasa sus veranos ahí. Por más de 25 años, ella fue una exitosa agente de bienes raíces, promotor inmobiliario y renovadora comercial. Puedes ponerte en contacto con Sherry a través de su sitio web: www.TheForgottenPromise.net

Other Books by Ozark Mountain Publishing, Inc.

Dolores Cannon
A Soul Remembers Hiroshima
Between Death and Life
Conversations with Nostradamus,
    Volume I, II, III
The Convoluted Universe -Book One,
    Two, Three, Four, Five
The Custodians
Five Lives Remembered
Jesus and the Essenes
Keepers of the Garden
Legacy from the Stars
The Legend of Starcrash
The Search for Hidden Sacred
    Knowledge
They Walked with Jesus
The Three Waves of Volunteers and
    the New Earth
A Vey Special Friend
Aron Abrahamsen
Holiday in Heaven
James Ream Adams
Little Steps
Justine Alessi & M. E. McMillan
Rebirth of the Oracle
Kathryn Andries
Time: The Second Secret
Cat Baldwin
Divine Gifts of Healing
The Forgiveness Workshop
Penny Barron
The Oracle of UR
P.E. Berg & Amanda Hemmingsen
The Birthmark Scar
Dan Bird
Finding Your Way in the Spiritual Age
Waking Up in the Spiritual Age
Julia Cannon
Soul Speak – The Language of Your
    Body
Ronald Chapman
Seeing True

Jack Churchward
Lifting the Veil on the Lost
    Continent of Mu
The Stone Tablets of Mu
Patrick De Haan
The Alien Handbook
Paulinne Delcour-Min
Spiritual Gold
Holly Ice
Divine Fire
Joanne DiMaggio
Edgar Cayce and the Unfulfilled
    Destiny of Thomas Jefferson
    Reborn
Anthony DeNino
The Power of Giving and Gratitude
Carolyn Greer Daly
Opening to Fullness of Spirit
Anita Holmes
Twidders
Aaron Hoopes
Reconnecting to the Earth
Patricia Irvine
In Light and In Shade
Kevin Killen
Ghosts and Me
Donna Lynn
From Fear to Love
Curt Melliger
Heaven Here on Earth
Where the Weeds Grow
Henry Michaelson
And Jesus Said – A Conversation
Andy Myers
Not Your Average Angel Book
Guy Needler
Avoiding Karma
Beyond the Source – Book 1, Book 2
The History of God
The Origin Speaks

For more information about any of the above titles, soon to be released titles,
or other items in our catalog, write, phone or visit our website:
PO Box 754, Huntsville, AR 72740|479-738-2348/800-935-0045|www.ozarkmt.com

Other Books by Ozark Mountain Publishing, Inc.

The Anne Dialogues
The Curators
Psycho Spiritual Healing
James Nussbaumer
And Then I Knew My Abundance
The Master of Everything
Mastering Your Own Spiritual
    Freedom
Living Your Dram, Not Someone Else's
Sherry O'Brian
Peaks and Valley's
Gabrielle Orr
Akashic Records: One True Love
Let Miracles Happen
Nikki Pattillo
Children of the Stars
A Golden Compass
Victoria Pendragon
Sleep Magic
The Sleeping Phoenix
Being In A Body
Alexander Quinn
Starseeds What's It All About
Charmian Redwood
A New Earth Rising
Coming Home to Lemuria
Richard Rowe
Imagining the Unimaginable
Exploring the Divine Library
Garnet Schulhauser
Dancing on a Stamp
Dancing Forever with Spirit
Dance of Heavenly Bliss
Dance of Eternal Rapture
Dancing with Angels in Heaven
Manuella Stoerzer
Headless Chicken
Annie Stillwater Gray
Education of a Guardian Angel
The Dawn Book
Work of a Guardian Angel

Joys of a Guardian Angel
Blair Styra
Don't Change the Channel
Who Catharted
Natalie Sudman
Application of Impossible Things
L.R. Sumpter
Judy's Story
The Old is New
We Are the Creators
Artur Tradevosyan
Croton
Croton II
Jim Thomas
Tales from the Trance
Jolene and Jason Tierney
A Quest of Transcendence
Paul Travers
Dancing with the Mountains
Nicholas Vesey
Living the Life-Force
Dennis Wheatley/ Maria Wheatley
The Essential Dowsing Guide
Maria Wheatley
Druidic Soul Star Astrology
Sherry Wilde
The Forgotten Promise
Lyn Willmott
A Small Book of Comfort
Beyond all Boundaries Book 1
Beyond all Boundaries Book 2
Beyond all Boundaries Book 3
Stuart Wilson & Joanna Prentis
Atlantis and the New Consciousness
Beyond Limitations
The Essenes -Children of the Light
The Magdalene Version
Power of the Magdalene
Sally Wolf
Life of a Military Psychologist

For more information about any of the above titles, soon to be released titles,
or other items in our catalog, write, phone or visit our website:
PO Box 754, Huntsville, AR 72740|479-738-2348/800-935-0045|www.ozarkmt.com